対象
0歳～3歳

- 新 版 -

赤ちゃんの発達障害に気づいて・育てる完全ガイド

公認心理師・臨床心理士・臨床発達心理士 **黒澤礼子**

2種類の
すぐに使える
**記入式
シートつき**

1歳
6ヵ月児
用

3歳児
用

健康ライブラリー スペシャル

講談社

本書の使い方

本書は主に０歳から３歳までの赤ちゃん（乳幼児）を対象にしています。

まず１章で、発達障害の基礎知識や、赤ちゃんに見られる発達障害の兆候を解説します。

２章では基礎調査票と評価シートを載せています。１歳６ヵ月児用、３歳児用の２種類です。乳幼児期は年齢によって発達のしかたが大きく違う

ので、２種類用意したものです。続いて紹介している実例は、私が現場で携わっている例をアレンジしています。

３章は対応法です。本書は子どもの傾向を知るためだけの本ではありません。その子に合わせ、どのように育てていくかが、もっとも大切なのです。３章こそが本書の主眼と考えています。

注意点

● ２章で紹介する評価シートは、子どもの日常の行動を見て、その子の特徴を把握するためのものです。発達障害の診断をするものではありません。

● 基礎調査票は主に子どもの保護者や保育士、保健師用で、個人使用を前提としています。公の場で使用する場合は、著作権法上、かならず著者に連絡してください。

基礎調査票の特徴

一般向け…………… 記入者に特殊な知識や専門性を必要としません。その子どもをよく知っている人なら、誰でも活用できるものです。

認識の共有………… 記入者が違っても、その子どもに対して同じ基準で観察することになるので、共通のパターンが把握できるようになります。その結果、その子どもへの対策を検討できます。

実施が容易………… 子どもに負担がかからず、判断基準を作成することができます。

客観性……………… 対象の子どもについて、何人かで記入して比較することで、記入者の認識違いを避けることができます。同じシートに重ねて記入し、比較することもできます。

公平性……………… 複数の人で話し合いながら項目を記入していくと、より公平な調査ができます。

何回でも使用可能… その子どもの時間的変化を見ることができ、改善や悪化が把握できます。同じシートに重ねて記入していくこともできます。

基礎調査票作成方法

本書の基礎調査票は、平成20年に発行した「幼児のための基礎調査票」を赤ちゃん用に改変したものです。「幼児のための基礎調査票」及びその前年に発行した「小学生のための基礎調査票」は、いずれも、アメリカ精神医学会の「DSM−Ⅳ」、世界保健機関の「ICD−10」に基づき、平成14年度に実施した文部科学省の調査項目、アッヘンバッハの「子どもの行動チェックリスト」、ギルバーグの「アスペルガー症候群およびその他の自閉症スペクトラム障害のスクリーニング質問票（ASSQ）」、E・ショプラーの「小児自閉症評定尺度（CARS）」等、その年代に

応じた多くの資料を参考に作成したものです。

本調査票は赤ちゃん（乳幼児）のための調査票ですので、「幼児のための基礎調査票」の項目を、KIDS（乳幼児発達スケール）、乳幼児精神発達質問紙、S−M社会生活能力検査、改訂版乳幼児自閉症チェックリスト（M−CHAT）、改訂行動質問票、ADHD RS−Ⅳ、その他10種類以上のアセスメントの関連項目と比較し、さらに母子手帳項目、乳幼児健診項目などとの比較をおこない、確定したものです。

新版化にあたり、DSM−5などを参考に見直しました。

子どものようすが
心配なとき
こんなとき発達障害を考えて

　幼児や小学生に増えているという「発達障害」。この言葉を聞いたことはないでしょうか。生まれたばかりのわが子には関係ないと思うかもしれませんが、「発達障害」は、じつは生来のものなのです。気をつけていれば、赤ちゃんのころからその傾向がわかることがあります。なんだか育てづらいな、ほかの赤ちゃんはあんなにおとなしいのにどうして……と思い悩んでいるなら、自分ばかりを責めないで、一度お子さんのようすをしっかり見つめてみましょう。

　そして、もし「発達障害かもしれない」と思ったら、自分ひとりで抱えこまずに、専門機関に相談しましょう。そして、育て方の工夫をしましょう。

＊

　まず、発達障害とはどのようなものか、正しく知るところから始めましょう。どういったところに、その兆しがあるのかも見ていきましょう。

子育てに、困っていませんか

子どもと心が通じ合わないようで、違和感をもってしまう……。
そんなとき親は、自分たちの育児のせいなのかと、心配になってしまいます。

こんなとき、心配になる

　子どもはかわいいし一所懸命育てているつもりなのに、なぜかうまくいかない。育児書や人から聞いていたこととはどうも違う——。

　そんなとき自分を責めてしまう親が多いのですが、もしかすると、原因は別のところにあるのかもしれません。次のような心配があるようなら、発達障害の可能性も考えてみましょう。

● 目が合わない

● 言葉が増えない

● おもちゃで遊ばない

● 落ち着きがない

そっくり返ったり、動き回ったりして、抱っこしづらい

発達段階の目安表

乳幼児の発達は個人差が大きいので、この表はあくまでも目安です。発達がどういう順番で進んでいくのかを見て、発達に沿った働きかけをしましょう。今できていることの次のステップを目標に、かかわり方を工夫してみてください。

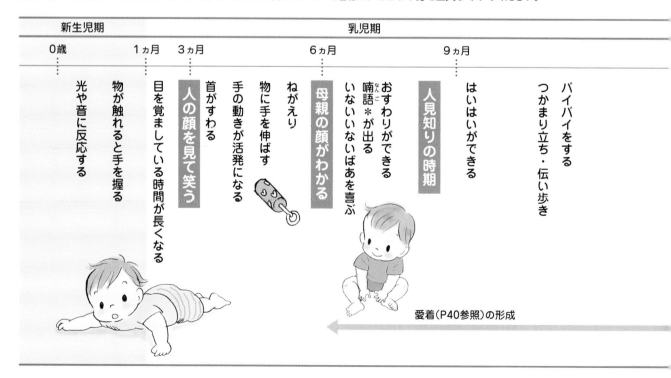

新生児期		乳児期			
0歳	1ヵ月	3ヵ月	6ヵ月	9ヵ月	

光や音に反応する

物が触れると手を握る

目を覚ましている時間が長くなる

人の顔を見て笑う

首がすわる

手の動きが活発になる

物に手を伸ばす

ねがえり

母親の顔がわかる

おすわりができる

喃語＊が出る

いないいないばあを喜ぶ

人見知りの時期

はいはいができる

つかまり立ち・伝い歩き

バイバイをする

愛着（P40参照）の形成

＊＝泣き声とは違うアー、ウーなどの声

親子ともに困難な状況に陥りやすい

●親が非難される

発達障害は心の機能がうまく働かないという障害なので、見た目にはほとんどわかりません。そのため、親が非難されがちです。

親のしつけが悪いから、母親がかまってやらないからなどと育児態度を責められたり、家庭環境が悪いのだろう、夫婦の仲が悪いからなどと、いわれのない中傷を受けたりします。

多くの親は、けっして育て方に問題があるわけではないのですが、なぜか育児がうまくいかず、たいていは自信をなくしてしまいます。

●子どもが非難される

子ども自身も、乱暴だ、だらしがない、わがままな子だと非難されたり、頭が悪い子だとバカにされたりします。親もつい子どもを怒ってしまうことが増えます。

また、どうすれば仲良く遊べるのかがわからないので、幼児期になっても友達ができにくく、さびしい思いをする子もいます。

●二次・三次障害にも

発達障害の子どもたちは、小さいときから非難されつづけているので、親も子も自信をなくしてしまいます。「しつけをきちんとして」と言われても、親はこれ以上どうすればいいかわからず、「また言われた」と落胆し、「あなたがきちんとしないから」と、その矛先が子どもに向いてしまいます。

子どもは、周囲から非難され、親にも怒られつづけると、「ぼくはダメな子なんだ」と自己肯定感が下がり、「誰もわかってくれない」と人間不信に陥ります。これが二次障害です。そのストレスが腹痛や頭痛などのかたちで身体面に出ることもあります。

やがて、いじめ、不登校、家庭内暴力などの三次障害につながりかねません。

●親にも影響が及ぶ

育児がうまくいかず、つらい思いをしている親は少なくありません。原因がわからないので相談もできず、自分の育て方が悪いのかと、自分ばかりを責めることになります。

こうした孤立状態が続くと、親がうつ状態になったり、児童虐待、夫婦の不和などの深刻な状況に陥ったりしかねません。

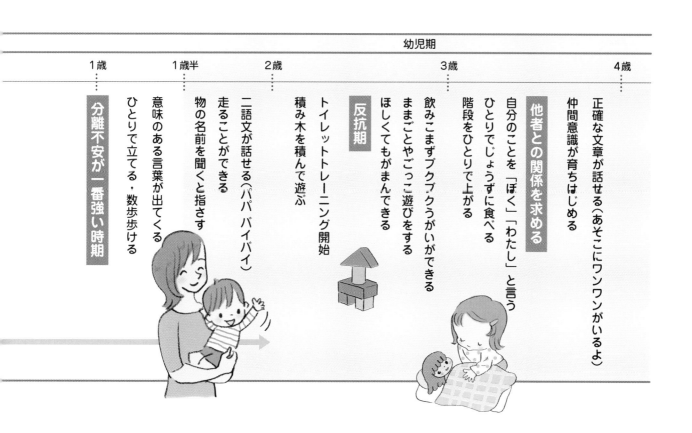

幼児期

| 1歳 | 1歳半 | 2歳 | 3歳 | 4歳 |

分離不安が一番強い時期

ひとりで立てる・数歩歩ける

意味のある言葉が出てくる

物の名前を聞くと指さす

二語文が話せる〈パパ バイバイ〉

走ることができる

積み木を積んで遊ぶ

トイレットトレーニング開始

反抗期

ほしくてもがまんできる

ままごとやごっこ遊びをする

飲みこまずブクブクうがいができる

階段をひとりで上がる

ひとりでじょうずに食べる

自分のことを「ぼく」「わたし」と言う

他者との関係を求める

仲間意識が育ちはじめる

正確な文章が話せる〈あそこにワンワンがいるよ〉

7

こんなようすがありませんか

幼児期以降に発達障害と診断された子どもの保護者は、
あとで思い出してみると、子どもが小さいころ、たいへん苦労したことがあったといいます。

日常生活のようす

睡眠サイクルができてこない

　新生児期はどんな子どもでも眠りが定まっていません。乳幼児期になっても、多少の寝ぐずりや夜泣きはあるものです。しかし、その程度が度を超えています。

　昼間は目が覚めていて、夜間に眠るという睡眠のサイクルは、脳の発達とともにできていきます。しかし、こうした睡眠のサイクルができずに親がとても苦労したという乳幼児のなかに、成長するにつれ、発達障害があるとわかる子どもも少なくありません。

　発達障害では脳の機能にうまく働かないところがあると考えられています。睡眠サイクルも脳の機能とかかわっているので、注意したい重要な兆候のひとつなのです。たとえば、以下のようなようすはないでしょうか。

・寝つくのに時間がかかり、泣いたり暴れたりする。
・一晩中抱いたり、車に乗せたりなど、特定の環境でないと眠らない。
・突然ギャーッと大声で泣いて起き、そのまま長時間泣きつづける（次項参照）。
・眠りが浅く、すぐに目を覚ます。
・寝起きが極端に悪い。なかなか起きず、起きたあともきげんが悪い。

ひどい夜泣き（夜驚症）

　乳児の夜泣きの原因ははっきりわかっていません。睡眠サイクルの未熟さや昼間の刺激などが考えられます。

　幼児の夜泣きは、昼間のできごとが原因でこわい夢を見たり、おねしょがきっかけで起きてしまう場合もあります。一時的なもので、成長するにつれ、いずれおさまってくるので、親はしばらくの辛抱です。こうした通常の夜泣きは、とくに発達障害との関連は考えなくてよいでしょう。

　ただし、夜驚症といって、突然激しく泣き叫びながら起きたり、汗をかいて呼吸が速くなり心拍数も上がるようなことがあります。何日も続くようなら、医師を受診したほうがよいでしょう。

　毎日同じ時間に起きるようなら、事前に1回、はっきり目を覚まさせると、その後眠れるようになる子もいます。

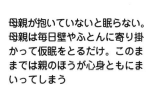

母親が抱いていないと眠らない。母親は毎日壁やふとんに寄り掛かって仮眠をとるだけ。このままでは親のほうが心身ともにまいってしまう

偏食・少食

　単なる好き嫌いのレベルではありません。ご飯やうどんのような白いものしか食べないなど、こだわりが大人の想像を超えています。また、毎食○○だけを食べるという「ばっかり食べ」のこともあります。ドロドロしたものを食べない、まぜご飯を食べないなどは、口の中の感覚過敏などによるとも考えられます。

　また、極端に少食で、食べることに興味を示さない子もいます。

親や周囲の人を見ない

　親子のかかわりがうまくもてません。子どもだけを部屋に残して親がいなくなっても平気です。親がしばらくして部屋に戻っても、見ようともしません。黙々と好きなことをしています。

　授乳の際にも母親の目を見ようとしません。

コミュニケーションがむずかしい

　1歳から1歳半のころには2～3の単語が出るようになる子が多いのですが、ほとんど言葉が出ません。乳児期には、あまり泣かないので、手がかからない子だと思われることもあります。

　言葉が出ても、オウム返し、意味不明な言葉でなかなか意思が通じません。個人差があるので一概には言えませんが、表情や身ぶりなどのコミュニケーションも見られないようだと、注意しなくてはなりません。

共同注意がない

　親が指さししたほうを見ません。親や大人が指さししたほうを見る行動を「共同注意」といいますが、この行動がなく、自分でも指さしをしません。要求がある場合には、大人の手を引っ張っていく「クレーン現象」で示します。

　このような、人とのかかわり方がうまくいかない場合、自閉スペクトラム症などが考えられることがあります。

飲み物がほしいとき冷蔵庫に親の手を押し付けるような「クレーン現象」で要求を示す

抱きづらい

　抱こうとするとそっくり返り、いやがるので、非常に抱きづらい赤ちゃんがいます。視線も合いにくく、おすわりをさせていても、急に後ろにひっくり返ったりすることもあります。歩き回るようになると、くるくる回ったり、手をパタパタさせるなどの行動が出ることもあります。

健全な愛着が結べない

　親は子どもを愛し、普通に育てているのに、親と子どもの健全な愛着が結べていません。

　親との距離の取り方が不安定で、トイレに入っている間も離れられなかったりします。

　大きくなっても、極端にベタベタくっついているのに、気分が変わると急に親への暴言・暴力になります。その両面が1人の子どものなかに存在しています。3歳ごろからその差が激しくなります。なかには、添い寝をしている母親を寝かせまいとして、けとばしていた例もあります。まるで母親を支配しようとしているかのようです。

気に入らないと、泣きながらものを投げたりたたいたり、大暴れをする

言葉が出てこない

　言葉の出方は男児より女児のほうが早い傾向があります。個人差が大きく、その子の性格もおおいに関係がありますが、2歳すぎても全く言葉が出ないときは相談しましょう。

　発達障害が心配なら、言語以外のコミュニケーションに注目します。話しかけた言葉の意味はわかっているようだったり、表情や身ぶりなどで気持ちの交流ができているなら、あまり心配しないでようすを見ましょう。耳は聞こえていますか。うしろから名前を呼びかけてもふりかえらない場合には、耳が悪いか、自閉スペクトラム症の傾向が考えられます。

　言葉が出なかったり、出ても意味をなしていない、こちらの言っていることが十分理解できない、というようなら、知的能力障害も考えられます。

「ちょうだい」や「どうぞ」ができるようなら、あまり心配しなくてもいい

言葉の発達の目安

個人差があり、あくまで目安です。

6〜7ヵ月
・バブバブのような「喃語」を言いはじめる

1歳〜1歳半
・ママ、ワンワンなど意味のある言葉が出てくる

1歳半〜2歳
・「お目々は」などと聞くと自分の目を指さす
・名前を呼ばれると返事をする
・「新聞もってきて」などの簡単な指示がわかる
・「ワンワン きた」などの二語文を言いはじめる

2歳〜2歳半
・青や赤など色がわかる
・「パパ かいしゃ いった」などの三語文が出てくる

2歳半〜
・自分の名前を文の中に入れられる
・名前をたずねると答える

なにも話さない

　極度の緊張や苦手意識から、人前でなにも話さなくなってしまう子がいます。無理にしゃべらせようとすると、子どもは自信を失い、かたくなになります。こじれると家でも声を出さなくなってしまいます。緘黙（かんもく）といいます。これは発達障害と直接は関係ありません。

　家庭でのふれあいを深め、家族みんなが明るく挨拶を交わすなど、自然に声を出せるようにしましょう。おにごっこやくすぐりっこのような、声を出す遊びをするのもよいでしょう。

吃音（きつおん）

　家族性や出やすい体質があるといわれます。吃音には3つの症状があります。

- **ぼ、ぼくは、のように音節をくり返す**
- **ぼーくは、のように最初の音を伸ばす**
- **最初の音がなかなか出てこない**

　子どもがこのような話し方をしても、「ちゃんと話して」「もう1回」「ゆっくりと」などと、言い直しを強要しないでください。本人が話しやすいような環境をつくり、子どもがなにを言いたいのか、よく聞いてあげます。吃音があってもそのままにして、言葉の妨害をせずに間をとり、最後まで聞きます。大人が話しかけたり返事をするのも、ゆっくりペースにします。

　話すときに吃音があっても、歌を歌ったり、本を読んだりするときにはない子も多いのです。苦手意識をもたせないよう、遊びのなかで工夫しましょう。発達障害とはとくに関係ないといわれています。

ゆっくり一緒に声を出して本を読むことがおすすめ

特定のものに興味を示す

扇風機をじっと見るなど、回るものが好きで、興味を示します。おもちゃで遊んでいても、そのおもちゃ本来の遊び方をしません。自閉スペクトラム症の特性と考えられる場合が多いようです。

車のおもちゃでは、タイヤを延々と回しつづける。母親が声をかけても見ないで無関心

こだわり的かんしゃく

思いどおりにならないと泣いたり騒いだりする子はいますが、度を超えています。大人にはわけのわからないことで、突然大騒ぎになり、泣き叫んだり暴れたりします。それが数時間も続いたり、なぐる・けるなど、家庭内暴力のようになる子もいます。暴力や暴言の多くは母親、年齢の近いきょうだい、年下のきょうだいに向かいます。なんらかの発達障害が考えられます。

そのまま成長すると、力がついてくるにつれ、制止が困難になったり、こだわりが不登園や不登校に結びつくことがあります。

バギーから降りずに、そっくり返って長時間泣き叫ぶ。どうやらいつもの公園ではないことが原因らしい

チック

まばたきが多い、首をふる、顔をしかめる、ひとりで意味不明の声を出す、汚い言葉をくり返し発言するなど。本人は無意識にしているので、周囲が注意するなどして緊張させると、かえって増強します。気にしないこと。本人にも意識させないよう配慮します。

現在は、チックの原因は脳の機能の一部がうまく働いていないためとされています。

心理的な不安やストレスは原因ではなく、増強因子です。長い髪の毛が目に入った、結膜炎になった、などがきっかけで起こることもあります。

多くは自然におさまりますが、家族性など治りにくいものもあります。チックの症状によっては、慢性化や多くの症状が合併する複合チックにならないよう、薬など医療的なケアを検討します。

目をパチパチ。本人はわざとやっているわけではないので、やめさせようとするのは緊張させるだけで逆効果

変わった行動

おもちゃなどに興味を示さず、自分がくるくる回ったり、机の周囲を回ったりします。手をひらひらさせたり、ぴょんぴょん跳んだりする行動がみられますが、感覚を楽しんでいるようです。

ものを横目で見たり、不思議な表情をすることもあります。自閉スペクトラム症の可能性があるかもしれません

おもちゃを目の高さにもち、横目で見たりする

自分で自由に歩き回れるようになると、行動面にＡＤＨＤの特性が現れてくることがあります。

気が散りやすい

遊びが長続きしません。おもちゃを次々に出して散らかします。一緒に本を読もうと思っても、最後まで聞いていることができません。

脱走する

いきなり飛び出し、親の目が届かないところまで平気で走って行ってしまいます。手をはなすことができず、外の危険な場所では、抱えるか背負うしかありません。

「待ちなさい！」と言っても、聞こえていないかのように、走っていってしまう

高いところに上りたがる

注意をしても聞かず、下ろそうとすると泣いたり騒いだりします。危ないことに対する恐怖心がないようです。

高いところに上りたがる。何度やめさせてもくり返す

動き回って落ち着かない

じっとしていることができません。勝手にあちこち動き回り、落ち着きません。興味のあるものにはすぐ触ろうとするなど、目が離せません。

大人の言うことを聞かない

衝動性が強いので、がまんをしたり、自分の気持ちをコントロールすることが苦手です。やりたいと思ったら、大人の制止も聞かないので、とてもわがままでがんこな子どもに見られてしまいます。また、思いどおりにならないと激しく泣き叫ぶこと（かんしゃく）も、たびたび起きます。

反抗期ということも

　２〜３歳ごろの自我が芽生える時期に、第一次反抗期がやってきます。大人の言うことに「いや」と自己主張するので、「いやいや期」ともいうようです。
　「いや」が、衝動性が強いためなのか、第一次反抗期なのかは、わかりにくいのですが、以前にくらべて急に自己主張が出てきたら、自我の芽生えです。大人は無理に抑えつけず、受け止めてあげましょう。ただし、これはなんでも言うことを聞いて受け入れるのとは別のこと。がまん強さ、自律心も育てなければなりません。

しつけの問題ではないが

　発達障害は不適切なしつけによって起こるものではありません。親を責めても問題の解決にはつながらず逆効果です。しかし、別の意味で、育て方を見直したり、注意する必要はあるでしょう。
　親の期待どおりに行動しなくても、子どもを怒りすぎないでください。発達障害のために、行動コントロールができないのです。子どもにできること、できないことを冷静に見極め、目標は低めに設定し、達成感を得られるようにします。
　一方で、「どうせできないから」という気持ちで育てるのはよくありません。世の中にはやっていいこと、いけないことがあると、善悪をきちんと教えます。子どもの要求をすべてはのまず、がまんする力を育てることも大切です。この２つは、大人になって健全な社会生活を送れるよう、小さいうちにこそ、ぜひ身につけさせたいものです。

ものごとの
善悪

がまんする力

発達障害の基礎知識

発達障害（神経発達症群）は、主に３つのグループがあります。自閉スペクトラム症、注意欠如・多動症、限局性学習症です。そのほか、知的能力障害などがあります。

自閉スペクトラム症（ASD）

特性は２つにまとめられています。

●社会的なコミュニケーションや、人とかかわる力が弱い

視線が合わなかったり、周囲の人に関心を示さなかったりして、コミュニケーションがうまくとれません。子どもと心が通じ合わないような気がします。

●行動や興味・活動が限定されており、反復的なようすが見られる

回るものや光るものが好き、物を一列に並べるなど、遊びや行動に自分なりのこだわりがあります。新しいことや変化が苦手です。ぐるぐる回る、手をひらひらする、横目で見るなど、意味のなさそうな行動をくり返す子もいます。

＊

目が合わなかったり、抱っこしてもいやがったりする子は、比較的早期に発達障害の可能性があるとわかりますが、ある程度人とかかわることができていると、乳幼児期には特性に気づきにくく、幼稚園などの集団に入ってから、対人関係の悩みが起こります。

以前は、自閉症、アスペルガー症候群、あるいは広汎性発達障害といわれていましたが、近年は、自閉スペクトラム症といわれることが多くなっています。

注意欠如・多動症（ADHD）

３つの特性があり、どの要素が強いかは、子どもによって違います。言葉の遅れはありません。

●不注意が強い

人の言うことを聞いていなかったり、ぼーっとしていたりすることがあります。気が散りやすく、遊びが長続きしません。

●多動性が強い

じっとしていることが苦手。急にいなくなったり、高いところに上がったりするので、目が離せません。落ち着かず、行儀の悪い子に見られてしまいます。

●衝動性が強い

興味のあるものに勝手に触るなど、がまんすることが苦手です。思いどおりにならないと、激しく泣いたり騒いだりするので、わがままで乱暴な子だと思われてしまいます。

＊

乳幼児期にこうしたようすがあっても、幼いからだと思われ、見極めは困難です。ただ、自分で自由に動き回れるようになると、目立ってきます。

限局性学習症（SLD）

読み・書き・算数など、学習に関する能力の一部が困難です。小学校に入ってから気づかれることが多く、乳幼児期にはほとんどわかりません。

ほかの子どもとくらべて、色・形・数などの理解が遅い、手先を使う作業が苦手などのようすが見られると、SLDの可能性があります。ADHDとSLDは半分ほど重なっていることが多く、最初は多動が目立ち、小学生になってSLDが目立ってくる子もいます。

学習障害（LD）といわれることもあります。

その他

●知的能力障害群

集中力がない、言葉が出ないなど、ほかの発達障害と似た特性もあります。ただ、おすわり、はいはい、歩くなどの運動面、言葉の面、食事や排泄などの生活面など発達全体に遅れが見られるので、比較的早い時期からわかります。

●運動症群

発達性協調運動症（スキップなどの協調運動が極端に苦手など）、チック症群など。

●コミュニケーション症群

言語症（言葉が少ないなど）、語音症（発音が不正確など）、社会的コミュニケーション症（ＴＰＯに合った会話が苦手など）、吃音など。

乳幼児健診をじょうずに受けよう

発達障害は乳幼児期からわかる

　発達障害はいったい何歳からわかるものなのでしょうか。子育て支援の現場で母親からの相談を受けていてよく耳にするのは、1歳6ヵ月児健診などで「この年齢ではまだわかりません」「お母さんの心配のしすぎではないですか」「子どもってこんなものですよ」「ようすを見ましょう」と言われたのだが、という訴えです。

　たしかに、あまり幼いと診断する側もためらってしまうことがあります。しかし、経験豊富な医師や保健師・心理士などがみれば、かなり早期に障害の有無を見分けることができます。言葉が遅い、母親の姿を求めない、視線が合わない、そっくり返って抱きづらい、理由のわからないかんしゃくを起こす、寝ない……。後に子どもが発達障害だと診断されたとき、親が「あれがそうだったのか」と思いあたることが、1歳〜1歳半ですでに見受けられます。

　では、なぜ健診では「はっきりしたことはわからない」と言うのでしょうか。

　それには3つの理由が考えられます。第1は、乳幼児健診にかかわるスタッフ自身に発達障害を見極める十分な力が育っていないということです。第2は、発達障害かもしれないと伝えても、スタッフ自身がなにをしたらいいのかわからないのかもしれません。第3に、あまり早くから「障害がある」と伝えたら、親が育児への意欲を失ってしまうと心配してのことかもしれません。しかし、それは本当の意味で、親子を救うことにはならないのです。

乳幼児健診の内容

　日本には、乳幼児健診という世界に誇る制度があります。受診率は9割以上。日本の乳児死亡率が低いこと、日本人の平均寿命が長いことの理由のひとつは、この健診システムにあると言ってもいいでしょう。

　では、乳幼児健診の内容はどのようなものでしょうか。発達障害の早期発見のために十分と言えるのでしょうか。事後の療育につながる支援体制はどのように組み立てられているのでしょうか。

　乳幼児健診は法律で定められています。厚生労働省の通達に基づく3〜4ヵ月児健診、母子保健法第12条に基づく1歳6ヵ月児健診、3歳児健診が主におこなわれています。自治体によっては、このほかにも6ヵ月児健診、10ヵ月児健診、1歳児健診、5歳児健診などもあります。

　健診の内容を見てみましょう。

　1歳6ヵ月児健診では、問診による発育・発達状況の把握、身体計測、歯科の診察、内科の診察が主なものです。

　3歳児健診では上記の項目に視聴覚の健診が加わってきます。

　地域によっては、健診後にグループで話し合ったり、保育士や相談員が入って子育ての相談にのっています。また、早期に虐待を防ぐ・気づくことも健診の大きな役割ですから、健診内容に虐待予防のための質問や面談などを取り入れているところもあります。

どこで受けるかが問題

　多くの市区町村は、法律に基づき、これらの健診を保健所などで集団でおこなうか、あるいは医療機関に委託して個別で実施しています。

　集団でおこなう健診には、以下のような多くのメリットがあります。①一定レベルのサービスを受けることができる、②医師以外に保健師、歯科衛生士、管理栄養士、心理士などさまざまな職種がかかわることにより、子どもを多角的に見るこ

とができる、③親の希望に応じて健診後に発達相談などができる、④親どうしの交流の場にもなる、などです。

しかし、日時や場所が限定される、待ち時間が長い、ふだんから子どものようすをよく知っている小児科医にみてもらえない、などのデメリットも指摘されています。

いっぽう、地域の医療機関に健診事業を委託している場合は、受診前の子どもの自由な行動観察がむずかしく、医師ひとりの判断によることが多くなります。そのため、その医師の発達障害への知識や情報の有無により、判断とその後の支援のつながりに差が出てくることもあります。

健診をどこで受けるかによって、健診の内容やその後の対応に違いが出てくることは、容易に想像できます。

健診内容には地域差がある

健診の内容にも、市区町村によって大きな違いが見受けられます。健診の内容は母子保健法施行規則において定められているのですが、健康診査問診票の内容や判定基準、気になる子どもへの健診後の対応については規定がありません。もちろん、法律で定められているだけあって、ある程度のものはカバーされていますが、現在使用されている健診票を各市区町村で比較してみると、項目の数や内容でも驚くほどの違いがあります。

筆者が所属していた日本臨床発達心理士会千葉支部では、育児・保育支援グループで、健診票の質問項目の内容と健診後の支援体制について調査をおこないました。手元に集まった二十数ヵ所の健康診査問診票を比較しただけでも、質問項目数に14〜44項目と、大きな開きがありました。

日本全国でいっせいにおこなわれているはずの乳幼児健診で、なぜこのような違いがあるのでしょうか。おそらく発達障害に限っていえば、発達障害そのものが、発達障害支援法で定義されたのが平成17年と歴史が浅く、それまで使われていた健診票の質問項目のなかに発達障害に関するものがかならずしも十分含まれていなかったためと思われます。

しかし、法律に定義される以前から発達障害は存在し、医学的には診断されていました。現実に、健診の場では、気になる子どもたちが目立つようになるにつれ、現場の関係者の間で健診票の項目の見直しや追加がおこなわれていったといういきさつがあります。

前述のように健診項目や健診後の対応については法律による規定がないので、健診の関係者の取り組み方の違いによって、どんどん地域差が広がってきたのです。今では逆に各所で共通の質問項目を見つけることのほうがむずかしいくらいです。同じ日本に生まれ、同じように税金を払いながら、全国共通と思われていた乳幼児健診の内容に、思った以上に大きな地域差があると気づいていない人も多いのではないでしょうか。

質問項目に含まれていなければ、発達障害を見

健診内容の例

法律的に決められているのは以下の項目です。
● 1歳6ヵ月児健診
①身体発育状況、②栄養状態、③背骨の状態や胸の病気、④皮膚の病気、⑤歯や口腔の病気、⑥手足の動き、⑦心の発達、⑧言語のようす、などをみます。
● 3歳児健診
①身体発育状況、②栄養状態、③背骨の状態や胸の病気、④皮膚の病気、⑤眼の病気や見え方、⑥耳、鼻、のどの病気、⑦歯や口腔の病気、⑧手足の動き、⑨心の発達、⑩言語のようす、などをみます。

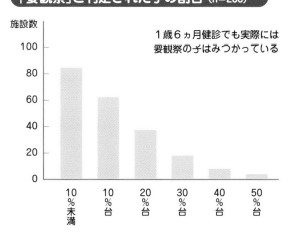

「要観察」と判定された子の割合 (n=206)

1歳6ヵ月健診でも実際には要観察の子はみつかっている

落とす可能性は非常に高くなります。結果として1歳6ヵ月児健診や3歳児健診では発達障害を見つけられないという指摘もあります。そこで5歳児健診の必要性が唱えられ、現に実施を始めた自治体もいくつかあります。

しかし、健診項目を充実させ、スタッフの発達障害に関する知識の充実を図れば、1歳6ヵ月児健診でも十分に気づくことができるのです。人材と予算が限られている現状では、1歳6ヵ月児健診と3歳児健診の充実を図ることこそが最優先課題と言えるでしょう。

2歳が大切

健診時のスタッフの対応は、親にとっては絶対的です。仮に親が心配で相談しても、健診の場で「ようすを見ましょう」と言われれば、とりあえず親は「今すぐになにかをしなくてもいいのだ」と安心してしまいます。

しかし、ようすを見ているうちに子どもの言動はますます気になる状況となり、不安を抱えながら3歳児健診まで時間をむだにしてしまった、ということもよく耳にします。

助けがいちばん必要となるのは2歳だと多くの親が訴えます。言葉の出が遅くても、1歳半では、まだ個人差と思いたいのですが、2歳になるとはっきり心配になってきます。その状態で3歳児健診まで1年間待っていいのかどうか、とても不安です。かといって、自分から相談機関を訪ね

**発達が気になる子は
2歳でも確認を**

ることはなかなか勇気がいります。健診で「ようすを見ましょう」と言われたことが、逆にブレーキになっているのです。

健診で「ようすを見る」と言うのなら、スタッフは以下の点はぜひ伝えておかなければなりません。また、親のほうも確認しておきます。
①注意するべきポイント（なにを見るのか）
②だいたい、いつごろまで見るのか
③どのような状況になったら、すぐに相談に行ったほうがいいのか

健診で指摘があっても、なかなか受け入れられない親も多く、保健師や心理士はようすを見るしかしかたがないという場合もあります。そのような場合は、かならず半年後の2歳あたりで次の相談日を約束し、その間に家庭でやってほしいことを伝えます。「2歳でまた見せてくださいね」と相談しやすい雰囲気をつくり、つながりを切らないことも必要です。

入園前では遅すぎないか

多くの親が、ようやく相談の決心をするのは、幼稚園入園の前年の秋、入園面接を控えたころです。大きい子なら3歳半に達している年齢です。1歳6ヵ月児健診で、気になる子どもをしっかりフォローしていれば、その時点から支援していくことができたはずです。しかし、親は不安に思いながらもどうしたらいいかわからず、自分たちの育児のやり方が悪いのか、これでいいのかと自分を責め、悩みながら過ごしてきています。

今、自治体によっては実施されはじめている5歳児健診も有用ではありますが、その時点で気づかれた子どもたちが療育（P62）を受けられる時間はあまりありません。専門の医療機関を受診するまでには時間がかかり、療育機関でも待たされます。対象となる幼児が多く、就学を機に療育が終わってしまうところも少なくありません。結局はそのまま就学児健診を受け、小学校に入学ということになります。

自治体が5歳児健診をおこなわずとも、幼稚園や保育園の生活の中で、気になる子を見いだし、就学児健診や就学相談につなぐことで、十分目的

は果たせるのではないかと思います。

　脳の完成度を、大人の脳が100％とすると、3歳児では70％、5歳児では90％になるといわれています。発達障害が、脳の発達に伴うものであるからには、まさに完成しつつある子どもの脳に少しでも早く働きかけ、言語・社会性などさまざまな機能が伸びる時期に、療育をおこなうことが大切です。あらためて、1歳6ヵ月児健診と3歳児健診での気づきと支援の体制がいかに大切かということが、おわかりいただけると思います。

健診後の支援体制にも差が

　健診後の支援体制も、地域によってかなり違います。1歳6ヵ月児健診で気になっても、経過観察でそのまま3歳児健診までフォローがない場合、電話による相談、3〜6ヵ月に1度の個別相談、遊びの教室（相談と集団遊びが1〜3ヵ月に1回）、親子通所指導、療育教室、言葉の教室など、各地の保健所によってさまざまです。

　専門の医療機関や療育機関にすみやかにつないでくれるところもあれば、親が自分で探し回らなくては専門機関の情報が手に入らないところも少なくありません。なかには、経過観察で遊びの教室に通っているが、とくに具体的なアドバイスもなく時間ばかりが経ち、このままなにもしないでいいのかと不安になって、あちこち他の相談機関を訪れる人もいます。

　たとえ経過観察中でも、子どもの成長を細かく

観察し、プログラムに沿って発達を促すためのかかわりや助言などをそのつどおこなうべきです。相談担当の心理の専門職などが毎回替わってしまい、子どものようすを継続的に観察できない保健所もあるという話は、論外と言わねばなりません。

　どうせなにもできないなどと思っている専門職がいるとしたら、それは大きな誤りです。子ども家庭支援センターで0〜18歳の子どもたちの発達相談を担当していた経験からも、幼児期の早期支援がいかに大切であるかを痛感しています。

　小学校の高学年、中学生、ましてや高校生になってから、善悪の区別や他人の気持ちを思いやること、がまんすることなどを教えるのは、たいへんむずかしいと言えます。

母親が追い詰められる前に

　発達障害は、いわば心の機能の障害です。心の機能は幼少時の親子関係に始まり、子ども集団の中での子どもどうしの関係や、周囲の大人たちとの関係の中で、長い年月をかけてつくり上げられ、変化していくものです。子ども自身がもって生まれた能力ではありますが、周囲からの働きかけによって、大きく成長していくものなのです。

　しかし発達障害がある子は、その成長に、発達障害がない子の何倍もの周囲からの働きかけを必要としています。それを家庭だけに任せていては、親子ともどもつぶれてしまうでしょう。

　育児の困難さゆえに、子どもがかわいくない、

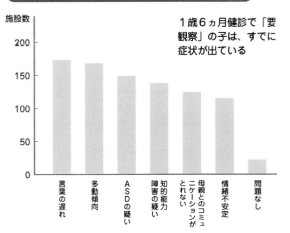

健診で「要観察」の子の特徴 (n=173)

1歳6ヵ月健診で「要観察」の子は、すでに症状が出ている

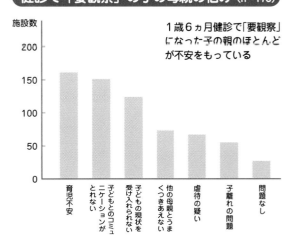

健診で「要観察」の子の母親の悩み (n=173)

1歳6ヵ月健診で「要観察」になった子の親のほとんどが不安をもっている

こんな自分はダメな母親だと、不眠やうつ状態に陥り、親子関係だけでなく夫婦の関係も壊れてしまうこともめずらしくありません。また、自分にこんな思いをさせる子に対して、怒りや否定、いらだちの感情が強くなり、ついには衝動にかられて虐待的な態度をとってしまう親もいます。育児は母親だけに任せておいていいものではありません。1時間も2時間も理由のわからないかんしゃくを起こして泣き叫び、抱き上げようとするとさらに激しく暴れる子に、どう対応したらよいのかわからず、母親も泣きながら、絶望的な気持ちになってしまうのです。

大切な乳幼児期に、医療や療育の専門家が知恵を出し合い、その時期からの一貫した支援内容と体制をつくり上げることができれば、そして乳幼児健診で気になる親子を、予防の意味も込めて、速やかにその体制に包み込んでいけば、親が育児の意欲をなくしてしまったり、障害を受け入れることを拒否したりということは防げるのです。

全国共通の健診と支援を

同じ日本という国に住む以上、生まれてくる子どもたちは、どの地域で育っても、同じ内容の健診と充実した支援を受けられなければなりません。発達障害に早く気づいて適切な支援をおこなうためには、まず全国一律の健診が必要です。

発達障害に関する項目を充実させた全国共通の健診票を整え、医師はもちろんのこと、子どもの発達と療育にくわしい心理士や言語聴覚士など、力をもった専門職が中心になり、充実した支援体制をつくることが必要です。

療育も、3ヵ月に1回などと言わず、できれば1週間に1回は個別指導とグループ指導をおこなうことが望ましいでしょう。内容も、社会性を育てる、コミュニケーション能力を高める、衝動性を抑えるなど、特性に応じたプログラムにします。精神的にも肉体的にも子育てを支えていかなくてはなりません。

支援と療育体制が整っていれば、子どもの健やかな成長につながります。「早く気づいてよかった」と、親もわが子の発達障害をすなおに受け入

れることができます。

関係者には、乳幼児健診がいかに大きな役割を担っているかに気づき、健診内容と健診体制、健診後の支援に関する母子保健事業の早急な見直しを、切に願います。

専門機関につなげてもらおう

一方、親のほうも、乳幼児健診が全国一律でないという実情をぜひ認識していただきたいと思います。もしも発達障害の可能性が考えられるようなら、積極的に相談しましょう。健診で「ようすを見ましょう」と言われても、それで安心して時がたつままにしてはなりません。

健診の結果によって、保健所では、各専門機関に連携をとっています。心配なら専門家に紹介してもらうよう、親から申し出てもかまいません。そしてもしも療育が必要な場合は、迷わず療育を受けましょう。

早くからの療育で子どもの育ちは大きく変わります。家庭でどのように子どもに接したらよいのか、ひとつの指針にもなるでしょう。

発達障害の早期発見・早期療育は自分たち親子を守るものなのです。そのためにはやはり健診が重要であることも事実なのです。

グラフは、筑波大学大学院修士課程教育研究科障害児教育専攻 山西朋（指導教員 名川勝）平成19年度修士論文『1歳6ヵ月健診後の母子への支援と母親の支援ニーズ──「要観察」と判定された母子への支援を通して』より。関東圏587施設に1歳6ヵ月児健診についてアンケート調査をおこなった結果。nは回答数

❷ 基礎調査票・評価シートと実例集

　掲載した基礎調査票と評価シートは、1歳6ヵ月児用と3歳児用の2種類です。1歳6ヵ月児用は1歳6ヵ月〜3歳未満、3歳児用は3歳〜4歳未満、4歳以上は幼児期用など別の本になります。子どもの年齢に合ったものを選んで記入してください。

　特別な専門知識がなくても、その子の日常を知っている人なら、誰でも記入できます。結果をグラフ化することで、その子の傾向がわかります。いずれも1回のみの記入で終わらせず、何度か間をあけておこなうことをおすすめします。子どもの成長や、対応が適切だったかどうかが見えてきます。そのうえで、必要なら対応を見直します。

＊

　くれぐれも注意していただきたいのは、結果を見て発達障害だと即断しないでほしいこと。まして、保護者がひどく落ち込んだり、子どもに失望したりするのでは、本書の目的とかけはなれてしまいます。

　まだまだ小さいということは、これから大きく伸びるということ。どうぞ赤ちゃんにたっぷり愛情を注いでください。

基礎調査票と評価シートの使い方

調査のねらい

本書の調査は、1歳6ヵ月と3歳の乳幼児健診の時期に合わせておこなうことができます。

子どものそれぞれの特性や傾向を把握し、今後の育児をサポートするためのものです。

調査の結果により、療育の必要な子どもを把握することができます。

実施する回数

子どもは日々発達します。1回だけでなく、経過に伴って適宜実施してかまいません。対応の効果を見るために、間をおいて何度か実施し、比較することもできます。

結果が心配になるとき

平均点が3以上になった項目があったら、医療機関など専門機関を受診したほうがいいでしょう。とくに、★のついた設問の答えが4になった場合、数が少なくてもいちおう専門機関に相談することをおすすめします。

発達障害以外の原因が隠れていることもあるので、たとえば以下のような検査をすることもあります。
・心理検査（発達検査、知能検査など）
・耳鼻科の検査──聴覚に障害があり、人の話が聞き取れず、言葉が出なかったりコミュニケーションがとれていないことがあります。
・脳の検査──脳に損傷や疾患がないか、脳波、ＣＴ（コンピュータ断層撮影）、ＭＲＩ（磁気共鳴画像検査）などをおこないます。脳の疾患で多動が出ることもあるからです。

実施する人

主に保護者ですが、子どものようすをよく知っている大人なら誰でも記入できます。心理士、保健師、保育士、言語聴覚士なども活用してください。複数の人で記入すれば、多面的に検討することもできます。

実施後にどうするか

子どもに発達障害の可能性があるようなら、医師を受診するか、専門の療育機関に相談します。

障害のある場合には、専門的な対応をしなくてはなりません。心ならずも手をあげたり、不適切な対応にならないよう、育児がうまくいかなかったら、早めに専門家に相談することを、心にとどめておいてください。主な療育法はP62を、相談先はP63を参照してください。

発達障害の子どもを育てていく際には、家庭、集団、療育の3つの柱が重要です。家庭で母親ひとりががんばるには限度があります。父親はもちろんのこと、祖父母など家族に加え、保健所、園、幼児サークル、相談センター、育成室などが地域でネットワークをつくり、連携していくことが望まれます。

また、保育園など、ゆったりとした小さな子どもの集団に入れてあげることも大切です。

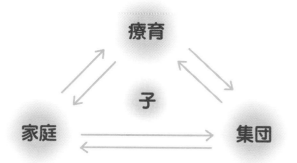

調査と記入の順序

基礎調査票は1歳6ヵ月児用（P22〜25）と3歳児用（P26〜29）の2種類あります。

基準のスケールは奇数ページの右上にあげてあります。

❶ 基礎調査票を記入する

項目は、1歳6ヵ月児用は8項目、3歳児用は10項目あります。1ページに2〜3項目ずつ掲載してあります。

設問にあてはまる答えを1〜4より選び、○をつけてください。答えにくいものは、とばしてかまいません。

❷ 合計点数を計算する

○をつけた数字の点数を合計します。

❸ 平均点数を計算する

○をつけた質問の数で合計点数を割り、平均点を出します（小数第2位を四捨五入）。

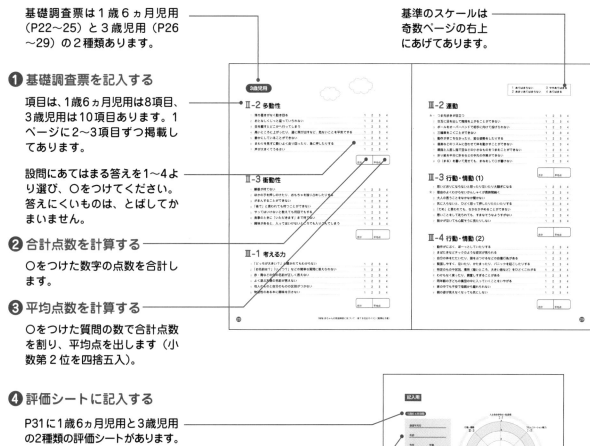

❹ 評価シートに記入する

P31に1歳6ヵ月児用と3歳児用の2種類の評価シートがあります。

実施日、子どもの年齢などを記入します。

③の平均点をP31の表に記入します。

表の数字を記入して、完成させます。

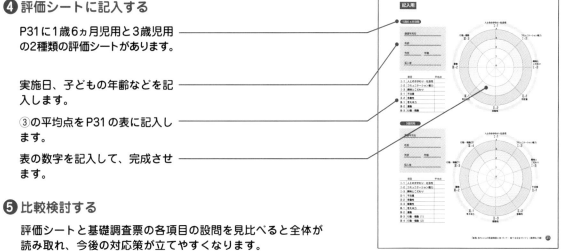

❺ 比較検討する

評価シートと基礎調査票の各項目の設問を見比べると全体が読み取れ、今後の対応策が立てやすくなります。
★のついた設問は、答えが4になった場合、数が少なくても専門機関に相談することをおすすめします。

平均点で見る

　いずれも、回答は4段階方式です。表記には合計得点、あるいは100点表記に換算する方法などがありますが、記入を容易にするために、平均点表記としました。また、子どもによっては、すべての設問に答えられないこともあります。無理に答えて、不適切な結果が出ないよう、平均点で見ることにしました。

　これは子どもの能力や発達に合わせて、育児やしつけをていねいにおこなうためのシートです。子どもの成長にともなって、適宜実施してかまいません。

基礎調査票・1歳6ヵ月児用

調査年月日		名前	
性別	年齢	記入者	

I-1 人とのかかわり・社会性

★ 1	話しかけても視線が合わない	1	2	3	4
2	名前を呼んでも反応しない（振り向く、立ち止まるなど）	1	2	3	4
3	相手になって遊んでもかかわりにくい	1	2	3	4
4	気持ちが通わないように感じるときがある	1	2	3	4
5	ほかの子どもや周囲に関心を示さない	1	2	3	4
6	ひとり遊びが多い	1	2	3	4
7	表情が乏しい（笑いかけても笑顔を見せない）	1	2	3	4
8 ★	バイバイなどをしてもまねしない （手のひらが逆のバイバイだったりする）	1	2	3	4
★ 9	人がいてもいないかのように無視して動き回る	1	2	3	4

合計	平均点

I-2 コミュニケーション能力

★ 1	言葉が遅いと思う （ワンワン、ママなど意味のある単語が少ししか出ていない）	1	2	3	4
2	母親が「ほら見てごらん」と指さししても、その方向を見ない	1	2	3	4
3	「ワンワンはどこ？」などとたずねても指さししない	1	2	3	4
4	ほしいものがあっても、自分から指さしして要求しない	1	2	3	4
★ 5	やってほしいことを、大人の目を見ないで手を押しつけてさせようとする （クレーン現象で要求する）	1	2	3	4
6	「マンマ」などと、食べたいものを自分から求めない	1	2	3	4
7	気づいたことを大人に知らせるときに顔を見たり指さししたりしない	1	2	3	4

合計	平均点

『新版 赤ちゃんの発達障害に気づいて・育てる完全ガイド』（黒澤礼子著）

Ⅰ-3 興味とこだわり

★1 興味をもつものが限られている（回るもの、光るもの、水など）   1 2 3 4

★2 手をひらひらさせる、くるくる回るなどの気になる行動がある   1 2 3 4

3 音や光、においに過敏に反応する（耳をふさぐ、目を細めるなどする）   1 2 3 4

4 抱っこをいやがる（動く、そっくり返るなど抱きづらい）   1 2 3 4

5 食事について心配なことがある（量が少ない、極端な偏食など）   1 2 3 4

6 なかなか寝なかったり、すぐ目をさましたり、
睡眠の前後にひどくぐずるなど困ることがある   1 2 3 4

★7 奇妙な目付き（横目で見るなど）や表情をする   1 2 3 4

合計	平均点

Ⅱ-1 不注意

1 おもちゃなどの扱いが乱暴である   1 2 3 4

2 おもちゃを次々に出すが、興味が移りやすく遊びが長続きしない   1 2 3 4

3 声をかけても聞いていないように行動する   1 2 3 4

4 一緒に絵本を見ようとしても、勝手にページをめくったり、
どこかへ行ってしまう   1 2 3 4

5 いろいろなものに興味が移りやすい（すぐに気が散る）   1 2 3 4

合計	平均点

Ⅱ-2 多動性

1	落ち着きがなく動き回る	1	2	3	4
2	おとなしくじっと座っていられない	1	2	3	4
3	目を離すとどこかへ行ってしまう	1	2	3	4
4	静かにしていることができない	1	2	3	4
5	周囲の人やものを気にせず、活発に動き回る	1	2	3	4

合計	平均点

Ⅲ-1 考える力

1	「ちょうだい」と言っても手にもっているものをくれない	1	2	3	4
2	「〇〇をもってきて」などの簡単な言いつけがわからない	1	2	3	4
3	自分の名前を呼ばれても返事をしない	1	2	3	4
4	絵本を見て知っているものを聞いても指さししたりしない	1	2	3	4
5	「〇〇ちゃんのお耳（目、口）はどこ？」とたずねても答えられない	1	2	3	4
6	動物などを見て「ワンワン」「ニャンニャン」などを言えない	1	2	3	4
7	絵本に興味を示さない	1	2	3	4

合計	平均点

『新版 赤ちゃんの発達障害に気づいて・育てる完全ガイド』（黒澤礼子著）

Ⅲ-2 運動

1	ひとりでじょうずに歩くことができない	1	2	3	4
2	片手をもっても、階段を上がることができない	1	2	3	4
3	音楽などのリズムに合わせて体を動かすことができない	1	2	3	4
4	親指と人差し指でものをつまむことができない	1	2	3	4
5	積み木を積むことができない	1	2	3	4
6	自分でコップをもって水を飲むことができない	1	2	3	4
7	紙に鉛筆やクレヨンでなぐりがきなどをしない	1	2	3	4

合計	平均点

Ⅲ-3 行動・情動

★1	かんしゃくがひどい	1	2	3	4
2	なにもないようなところをぼーっと見ていたりする	1	2	3	4
3	子どもの集団に入っていきたがらない	1	2	3	4
4	家の中でも不安で母親から離れられない	1	2	3	4
5	親の姿が見えなくなっても気にしない	1	2	3	4

合計	平均点

基礎調査票・3歳児用

調査年月日 _____　名前 _____

性別 _____　年齢 _____　記入者 _____

I-1 人とのかかわり・社会性

★1　話しかけても視線が合わない　1　2　3　4

2　名前を呼んでも反応しない（振り向く、立ち止まるなど）　1　2　3　4

3　友達と追いかけっこをしたりしない（一緒に遊ばない）　1　2　3　4

4　気持ちが通わないように感じるときがある　1　2　3　4

5　ほかの子どもや周囲に関心を示さない　1　2　3　4

6　ひとり遊びが多い　1　2　3　4

7　表情が乏しい（笑いかけても笑顔を見せない）　1　2　3　4

8　バイバイなどをしてもまねしない
★　（手のひらが逆のバイバイだったりする）　1　2　3　4

★9　人がいてもいないかのように無視して動き回る　1　2　3　4

合計	平均点

I-2 コミュニケーション能力

★1　言葉が遅いと思う
　（「パパ、オウチ、カエッタ」などの簡単な文が言えない）　1　2　3　4

2　ほしいものがあっても、「ちょうだい」などと言葉や身振りで伝えられない　1　2　3　4

★3　やってほしいことを、大人の目を見ないで手を押しつけてさせようとする
　（クレーン現象で要求する）　1　2　3　4

4　ひとり言、意味がわからない言葉が多い　1　2　3　4

5　ままごとなどの、人とやりとりをするごっこ遊びをしない
　（「はいどうぞ」「いただきます」など）　1　2　3　4

6　言葉で言えないためか、友達をたたいたり押したりかみついたりする　1　2　3　4

合計	平均点

『新版 赤ちゃんの発達障害に気づいて・育てる完全ガイド』（黒澤礼子著）

I-3 興味とこだわり

★1	興味をもつものが限られている（回るもの、光るもの、水など）	1	2	3	4
2	自分なりの手順やこだわりがある（いつも同じように並べるなど）	1	2	3	4
★3	手をひらひらさせる、くるくる回るなどの気になる行動がある	1	2	3	4
★4	音や光、においに過敏に反応する（耳をふさぐ、目を細めるなどする）	1	2	3	4
5	おもちゃで目的に合った遊び方をしない（なめたり、投げたり、関心を示さなかったりする）	1	2	3	4
6	新しい環境に慣れるのにとても時間がかかる（不安を示す、泣くなど）	1	2	3	4
7	食事について心配なことがある（量が少ない、極端な偏食など）	1	2	3	4
8	なかなか寝なかったり、すぐ目をさましたり、睡眠の前後にひどくぐずるなど困ることがある	1	2	3	4
★9	奇妙な目付き（横目で見るなど）や表情をする	1	2	3	4

合計		平均点	

II-1 不注意

1	おもちゃなどの扱いが乱暴である	1	2	3	4
2	おもちゃを次々に出すが、興味が移りやすく遊びが長続きしない	1	2	3	4
3	声をかけても聞いていないように行動する	1	2	3	4
4	言われたことがなかなかできない（遊びを終える、帰るなど）	1	2	3	4
5	本などを最後まで一緒に読むことができない（勝手にページをめくる、どこかへ行ってしまう）	1	2	3	4
6	いろいろなものに興味が移りやすい（すぐに気が散る）	1	2	3	4

合計		平均点	

Ⅱ-2 多動性

1	落ち着きがなく動き回る	1	2	3	4
2	おとなしくじっと座っていられない	1	2	3	4
3	目を離すとどこかへ行ってしまう	1	2	3	4
4	高いところに上がったり、道に飛び出すなど、危ないことを平気でする	1	2	3	4
5	静かにしていることができない	1	2	3	4
6	まわりを見ずに勢いよく走り回ったり、急に押したりする	1	2	3	4
7	声が大きくてうるさい	1	2	3	4

合計	平均点

Ⅱ-3 衝動性

1	順番が待てない	1	2	3	4
2	ほかの子を押しのけたり、おもちゃを独り占めしたりする	1	2	3	4
3	がまんすることができない	1	2	3	4
4	「後で」と言われても待つことができない	1	2	3	4
5	やってはいけないと教えても何回でもする	1	2	3	4
6	食事のときに「いただきます」まで待てない	1	2	3	4
7	興味があると、入ってはいけないところでも入りこんでしまう	1	2	3	4

合計	平均点

Ⅲ-1 考える力

1	「どっちが大きい？」と聞かれてもわからない	1	2	3	4
2	「お名前は？」「いくつ？」などの簡単な質問に答えられない	1	2	3	4
3	赤・青などの色の名前が正しく言えない	1	2	3	4
4	よく遊ぶ友達の名前が言えない	1	2	3	4
5	他人のものと自分のものの区別がつかない	1	2	3	4
6	物語性のある本に興味を示さない	1	2	3	4

合計	平均点

『新版 赤ちゃんの発達障害に気づいて・育てる完全ガイド』（黒澤礼子著）

Ⅲ-2 運動

★1	つま先歩きが目立つ	1 2 3 4
2	交互に足を出して階段を上がることができない	1 2 3 4
3	ボールをオーバーハンドで相手に向けて投げられない	1 2 3 4
4	三輪車をこぐことができない	1 2 3 4
5	動作がぎこちなかったり、変な姿勢をしたりする	1 2 3 4
6	音楽などのリズムに合わせて体を動かすことができない	1 2 3 4
7	親指と人差し指で豆などの小さなものをつまむことができない	1 2 3 4
8	折り紙を半分に折るなどの手先の作業ができない	1 2 3 4
9	○（まる）を書いて見せても、まねをして○が書けない	1 2 3 4

Ⅲ-3 行動・情動（1）

1	思いどおりにならないと怒ったり泣いたり大騒ぎになる	1 2 3 4
★2	理由のよくわからないかんしゃくが長時間続く	1 2 3 4
3	大人の言うことをなかなか聞かない	1 2 3 4
4	気に入らないと、ひどく怒って押したりたたいたりする	1 2 3 4
5	「だめ」と言われても、なかなかやめることができない	1 2 3 4
6	悪いことをして叱られても、すまなそうなようすがない	1 2 3 4
7	誰かが泣いても心配そうに見たりしない	1 2 3 4

Ⅲ-4 行動・情動（2）

1	動作がにぶく、ぼーっとしていたりする	1 2 3 4
2	まばたきなどチックのような症状が見られる	1 2 3 4
3	自分の体をたたいたり、頭をぶつけるなどの自傷行為がある	1 2 3 4
4	緊張しやすく、泣いたり、かたまったり、パニックを起こしたりする	1 2 3 4
5	特定のものや状況、場所（暗いところ、大きい音など）をひどくこわがる	1 2 3 4
6	わけもなく笑ったり、興奮しすぎることがある	1 2 3 4
7	同年齢の子どもの集団の中に入っていくことをいやがる	1 2 3 4
8	家の中でも不安で母親から離れられない	1 2 3 4
9	親の姿が見えなくなっても気にしない	1 2 3 4

合計	平均点

評価シート
（解説、記入用）

項目は大きく３つに分類

　基礎調査票の項目は、発達障害の傾向を見るため、その障害の特徴に合わせて、３つの分野に分けられています。

　基礎調査票の平均点を評価シートに転記し、その子の傾向を見ます。評価シートで気になる項目と基礎調査票で数値の高い設問を比較すると、より正確に状況が把握できます。

　１歳６ヵ月と３歳の時点でおこない、２つを比較すると、その子の成長がわかります。

行動や性格の特性を見る

　子どもはさまざまな特性を複合的にもっているのが普通です。基礎調査票の結果を評価シートに転記してみると、きわだった傾向が見られないこともおおいにありえます。

　この調査票の本来の目的は発達障害を判断するためのものではありません。行動や性格の特性が、どのくらいの強さで現れているのかを把握して、その子への支援を考えていくうえでの、判断の目安としてください。

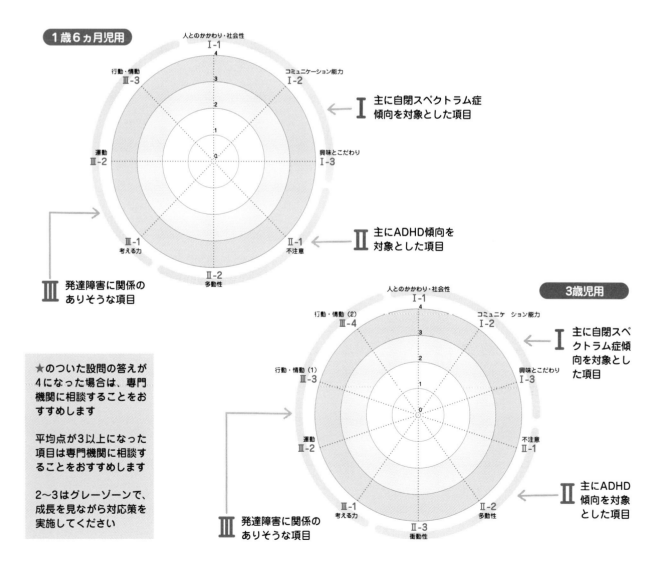

★のついた設問の答えが４になった場合は、専門機関に相談することをおすすめします

平均点が３以上になった項目は専門機関に相談することをおすすめします

２～３はグレーゾーンで、成長を見ながら対応策を実施してください

1歳6ヵ月児用

調査年月日

名前

性別　　　　年齢

記入者

	項目	平均点
Ⅰ-1	人とのかかわり・社会性	
Ⅰ-2	コミュニケーション能力	
Ⅰ-3	興味とこだわり	
Ⅱ-1	不注意	
Ⅱ-2	多動性	
Ⅲ-1	考える力	
Ⅲ-2	運動	
Ⅲ-3	行動・情動	

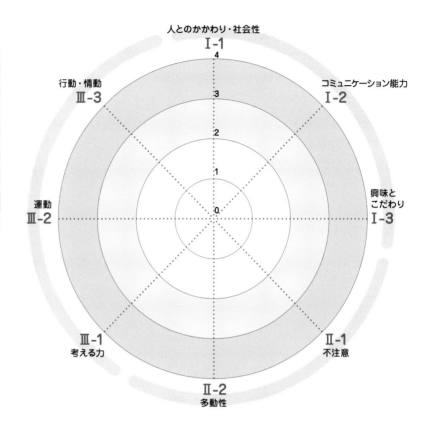

3歳児用

調査年月日

名前

性別　　　　年齢

記入者

	項目	平均点
Ⅰ-1	人とのかかわり・社会性	
Ⅰ-2	コミュニケーション能力	
Ⅰ-3	興味とこだわり	
Ⅱ-1	不注意	
Ⅱ-2	多動性	
Ⅱ-3	衝動性	
Ⅲ-1	考える力	
Ⅲ-2	運動	
Ⅲ-3	行動・情動（1）	
Ⅲ-4	行動・情動（2）	

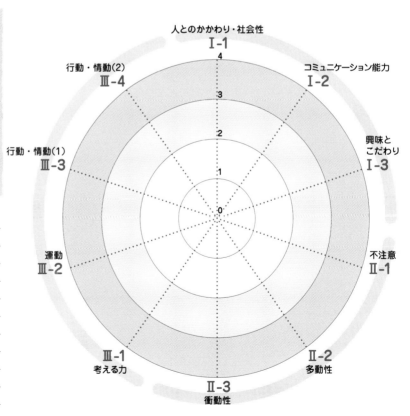

無言で走り回り、片時も目が離せない

Ａくん
男の子
自閉スペクトラム症と
ADHDの併存

2歳になっても、おんぶしていないと、
どこにでも行ってしまう

●テーブルの周囲を回り続ける

Ａくんがはじめて子ども家庭支援センターに相談に来たときは、2歳1ヵ月でした。母親は小柄な体にしっかりとＡくんを背負ってやってきました。相談室に入り、母親の背中から下りたＡくんはさっそく活動開始。椅子に座っておもちゃの車をつかんで遊んでいたのもつかのま、するするとテーブルの上にはい上がると、すばやく真ん中に移動し、立ち上がりました。あわてて母親が抱き下ろすと、今度はテーブルの周囲をくるくると回りはじめました。

「Ａくん、おすわりしてご本読もうよ」と、好きそうな電車の本を見せて席に誘導しました。ようやく座ったなと安心して、本を開いてお話をしはじめると、ぱらぱらっとめくってもう終わり。本はそっちのけで、また、机の上にはい上がります。下ろすとくるくる……。母親が抱き上げようとすると身をよじっていやがり、落ちそうになります。少しも落ち着きません。その間一言も言葉が出なくて、視線もまったく合いません。

●クレーン現象も

ただ、Ａくんがやってほしいことがあると、そのときだけ母親のそばに寄ってきます。「なあに、なにをしてほしいの？」と聞くと、母親の手を引っ張ります。母親が立ち上がると、そのまま戸棚のほうへ移動して、母親の手を持って扉に押し付けます。開けてほしいと言っているようです。

「なにがほしいのかな？」戸棚の中には、赤い郵便トラックがありました。それを出してあげると、机の上において、ようやく少し落ち着いてトラックを左右に動かして遊びはじめました。

●ダメなことははっきり示す

もっていた車を、トラックの後ろに入れたり出したり、入れたり出したり、またそのうちいつの間にか椅子から下りて、今度は電話機を発見。すばやく近づき、受話器を持ち上げてしまいます。あわてて母親が戻しに行きますが、またしても隙を見つけて受話器を取り上げます。

「うちでも電話が大好きで、いくら言い聞かせてもやめないんです。どうしたらいいのでしょう」
「触ってはいけないものは、最初から絶対ダメと言い聞かせましょう。こわい顔をしてバツ！　と手でバッテンをして見せるのも、小さい子にはわかりやすくていいですよ。こんなに触りたがるのだから、ちょっとくらい……と許してしまうと逆に、あのときは触れたのに、と混乱してしまって、判断ができなくなります。やっていいこと悪いこ

とは、最初からはっきり決めておきましょう。今は状況で判断させることはできないので」「わかりました……」と、母親はAくんを背負って帰っていきました。

落ち着きがなく突然行動するので、危なくて目が離せないAくんは、外に行くときはいつもおんぶしなければ、母親ひとりでは連れて歩けないそうです。

その後母親は、自宅でバツ！　をくり返しましたが、ふと気づいて電話機や引き出し、テーブルの上などに色テープでバッテンをつけたところ、触る回数があきらかに減ったそうです。

このように、目で見てわかる形にしてあげることが大切です。

●育てやすい赤ちゃんだった

Aくんの赤ちゃんのころのことを聞くと、母親はミルクをあげながら、目の合いにくい子だな、と少し気になっていたようです。また、抱いていてもそっくり返るような姿勢をとることがあり、抱っこがしづらい赤ちゃんでした。

1歳近くなっても、母親の後追いもせずひとりで遊んでいてくれるので、とても育てやすかったといいます。ところが歩きはじめてからが大変で、

その後は一瞬たりとも目が離せなくなりました。

Aくんは視線が合わず、かかわりがむずかしいこと、言葉が出ていないこと、くるくる回ることが楽しいなど、自閉スペクトラム症を感じさせる症状が色濃くあります。加えて、多動で落ち着きがないので目が離せません。これらはADHDの特性ですが、こうした症状もひとりの子に見られることが珍しくありません。

●医療機関で自閉スペクトラム症とADHDの診断

特徴的な症状が強いので、その後医療機関を紹介したところ、自閉スペクトラム症とADHDという診断が出ました。療育も始めるように手配しました。また、小さな集団に参加することも大切なので、区の育成室（地域により名前が違います）のグループ指導に参加、子ども家庭支援センターでの個別指導も続けています。

幸い、1年後に、Aくんを受け入れてくれる幼稚園も見つかり、翌年の4月からは幼稚園生活が始まりました。

最近は少し落ち着きも出はじめ、前のようにおんぶをしてということもなくなり、母親と手をつないで来所できるようになりました。

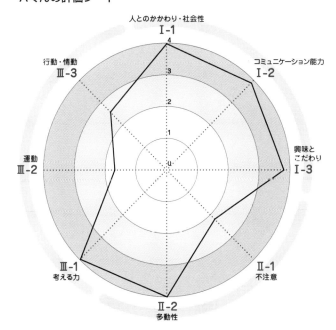

2歳1ヵ月で作成。自閉スペクトラム症の3項目と多動、考える力に強く特徴が出た

幼稚園に通いはじめ、友達との集団生活が始まった。今後も療育は続けていく

不可解な理由で、2時間も泣き叫ぶ

Bちゃん
女の子
自閉スペクトラム症の疑い

●気に入らないと大騒ぎ

Bちゃんは3歳2ヵ月になります。かわいらしい女の子ですが、なかなか気が強く、センターに連れてくるのもたいへんでした。

まず家を出るところからスムーズにいくかどうか、母親は心配しなくてはなりません。これはセンターに来るときだけに限りません。家から一歩外に出ると、Bちゃんのきげんしだいで、目的地にたどりつけるかどうかがわからないのです。母親はいつもハラハラしなくてはなりません。

Bちゃんには Bちゃんなりの思いがあるようで、思いどおりにいかないときは頑(がん)としてゆずらず、延々と時間がかかります。母親が焦ってせかそうものなら、泣きわめきが始まり、ひどいときは地面であろうが人が通っているところであろうが、かまわずに倒れて泣き叫ぶのです。

抱き上げてなだめようとしても、のけぞって暴れるので、危なくて抱いていられません。途中で声をかけても火に油を注ぐような状態になってしまうので、そうなってしまったら、もうあきらめて見守るしかないとのことでした。

●「お人形が包めない」とかんしゃく

ジュースがほしいのに買ってもらえないなど、原因がわかるときはまだいいのですが、理由のわからないかんしゃくもしばしば起きます。

あるときのこと。スーパーの入り口でかんしゃくを起こしてしまい、どうにも止まらなくなりました。最初は理由がわからなかったのですが、よくよく見ると、どうやらもっていた人形をハンカ

自分の小さいハンカチにお人形は包めない。どうやらそのことで、泣き叫んでいるらしい

チで包みたいのに、ハンカチが小さくてどうしてもうまく包めないようです。

母親は自分の大きいハンカチを取り出して、それで包むようにすすめましたが、頑として自分のハンカチで包もうとし、母親の手伝いも拒否します。とうとう怒りだして泣き叫びはじめました。

あまりにそのようすが激しいので、人のいない場所に連れていこうとしたのですが、Bちゃんは母親の手を振り払って逃げ、泣き叫びながらスーパーの中をぐるぐる走り回ったのだそうです。

何事が起きたのかと、人だかりもし、母親もたまらず、ようやくBちゃんをつかまえ、まだ泣き叫び暴れるBちゃんを抱きかかえて、人気のない4階まで連れて行ったそうです。気づくと、母親自身もあふれる涙が止まらない状態だったとのこと。このときBちゃんは泣きやむのに2時間もかかりました。

●さまざまな特性があった

　センターでも、気に入らない状態になると、きげんが悪くなり、母親と相談員との話をじゃまして帰る帰ると騒いだり、静かになったと思ったら、靴脱ぎの床に寝転がって、入り口のドアについている金属製のルーバーの部分を手でさわりながら指しゃぶりを始めるような行動が目立ちました。

　無理に抱き上げようとすると、かえって暴れてしまうことも多く、母親もどうかかわってやればいいのかわからないと嘆いていました。自分の気が向けば話しかけてもくるのですが、こちらからの問いかけは無視されることも多く、「先生が聞いているよ」と母親に促されて返事をするということが目立ちました。

　いちおう会話も成立しており、かんしゃくを起こさなければ、まったくふつうの女の子に見えるので、なかなか周囲の理解が得られません。

　細かく聞いていくと、視線が合いにくい、こだわりが強い、白いご飯しか食べないなどの極度の偏食、睡眠障害もあり、1〜2歳のころ、ひんぱんに激しい夜泣きをくり返したなどの、気になる話も出てきました。もしかしたら、自閉スペクトラム症がかくれているのかもしれません。

●周囲の協力が欠かせない

　このようなタイプの子には、前もって、これからおこなうことをわかりやすく伝えておくことが必要です。今やっていることをやめることがなかなかできない切り替えの悪さや、予想外のことが起きるとどう対応していいかわからないことなどが、かんしゃくの原因になります。また、かんしゃくを起こしやすい要因に、暑さ、音、におい、皮膚感覚の過敏性なども考えられます。早めに静かな場所に移動、冷たい水を飲ませる、上着を1枚脱がせるなどの手を打つことも必要です。

　また、なによりも大切なことは、周囲の人たちが、このケースでの育児の苦労に気づいて支えてあげなければならないということです。このようなタイプの親子では、育児のむずかしさを周囲が理解できないために、母親自身が精神的に健康を保てなくなり、極度のうつ状態に陥ることが珍しくありません。父親や周囲の人が育児のむずかしさに理解を示すこと、子どもを預かり、母親に少しでもひとりの時間を与えることなど、具体的な育児への支援が必要になります。

Bちゃんの評価シート

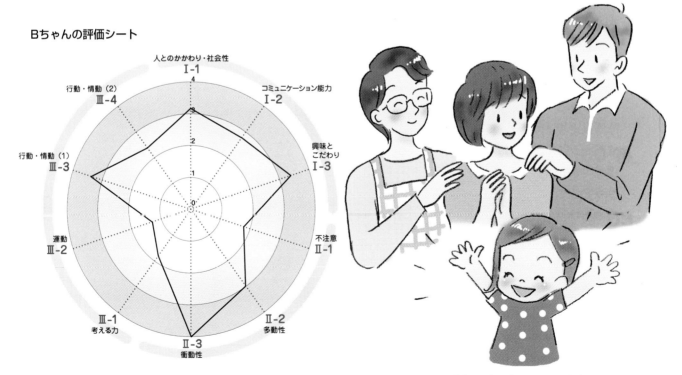

3歳2ヵ月で作成。評価シートは周囲の人に育児の困難さを理解してもらうためにも役立つ

Bちゃんの場合、母親ひとりではこらえきれない。周囲が母親を理解し、支援していくことが必要

コミュニケーションが1方向で衝動性も

C くん
男の子
なんらかの発達障害の疑い

●言うことを聞かない

C くんは2歳6ヵ月。母親は、自分が児童虐待をしているのではないか不安だと訴えてきました。

「やってはいけないことをダメと言ってもまったく聞かず、同じことを何度でもする。1歳になる小さい妹にも危ないことを平気でしたり、友達の物を黙って取る。最初はやさしく言っているが、いくら言っても聞かないので、つい激しく怒ってしまう。自分が怒ってばかりいるせいで、こんなになったのかとつらくなる」とのことでした。

親子でセンターに来てもらい、ようすを見ることにしました。C くんは言葉の発達は少し遅く、ようやく二語文が出てきたところです。体格がいいので3歳くらいに見えます。

車にまたがって楽しく遊んでいたときのこと。車の横に妹がつかまっているにもかかわらず、いきなり動かしてしまい、妹をあやうく転ばせるところでした。

母親の話では、妹が寝ている上を平気で走ろうとしたり、妹がもっている物をなにも言わず取り上げます。怒られても頑として返さず、わがままが目立つとのことでした。

気に入らないときは激しく泣き叫び、頭の中になにかが起きたのではないかと思うほどです。不思議なことに妹の名前がいまだに覚えられないということが印象的でした。

●興味のあることだけには反応する

よく観察していると、視線は合っているようで

音の出る車にまたがって、楽しく遊んでいるようすは、遠目に見るとまったく心配ない

ほとんど合わず、こちらからの呼びかけにはまったく反応しません。話しかけてもオウム返しをするか、なにも答えず聞こえていないかのように行動します。

一方で「ボールポーンしようか」など、自分の興味がある呼びかけには少し反応し、ボールを投げたりするので、周囲の大人たちはコミュニケーションがとれていると受け止めてしまいます。

●発達障害がありそうだが

興味のあるものに注意が集中してしまうと、まわりの状況が見えなくなるのか、危ない行動も平気でやってしまいます。その結果、妹を踏み付けそうになったり、おもちゃだけを見て友達を突き飛ばしたりという行動が出てしまうのです。

衝動的に動くところがあり、コミュニケーションの障害も見られ、なんらかの発達障害がありそうです。ようすを見ながら、行動を起こすときに「かして」と言わせるなど、小さいうちから、他人とのやりとりを身につけさせがまんを覚えさせることも、必要です。将来に向けてかかりつけの医療機関をつくることも、とても大切です。

対応方法の
具体例

　子どもたちが元気で健やかに育つこと。それはすべての大人たちの願いでしょう。たとえ障害がないと思っても、気になるようすがあれば、その子の「傾向」に合わせた対応が必要です。

＊

　発達障害への対応法はいくつかの理論に基づいていますが、ひとつの理論でカバーできるものではありません。また、対応する子どもによっても違い、通用する場合としない場合があります。

　いくつもの理論に基づき、さまざまな方法を試行錯誤して、その子に合った対応法を見つけていくことが大切です。つまり、ていねいな子育て、目的をもったしっかりしたしつけが大切だと言えるでしょう。専門的な療育を受けるかどうか迷っている間にも、家庭でできることはたくさんあるのです。

　これから紹介する対応法は、現場から生まれた工夫をまとめたものです。ほかにも素晴らしいアイデアがあるでしょう。親子でぜひ見つけていってください。

人に興味がもてるように

視線が合わない、一緒に遊べない、人とかかわりがもてない子への対応法。

視線を合わせる

人とのコミュニケーションの基本です。人と目を合わせる練習をします。大人の目の近くに、子どもが興味をもちそうなものをもっていきます。見せながらあいさつをして、にっこり笑い、反応があったら、ほめます。

大人の目の近くに、音がしたり、きらきら光るおもちゃなどをもち、子どもの名前を呼ぶ

おもちゃをほしがったら、にっこり笑って「ほしい?」と声をかける。子どもが反応したら「はい、どうぞ」とわたす

いないいないばあ

「いないいない」で子どもを引きつけておき、「ばあ」でにっこり笑います。「いないいない」で子どもの頭に小さめのタオルをかけ、「ばあ」でタオルをはずす遊びもいいでしょう。

指さし

人とかかわるには、言葉や身振りでやりとりできることが大切です。「指さし」の練習をしましょう。日常生活の中では、ほしい飲み物、行きたい場所などを子どもに選ばせ、指さしなどで意思表示をさせるようにします。

○○はどれかな

手が届かない場所に物を置き、物の名前をたずねて指さしをさせる。うまくできなくても、手を伸ばしたら、大人が手を添えて軽く指さしの形をつくって、つんつんさわらせる

一般的には、興味のある物を示す「指さし」は、10ヵ月ごろから出はじめます。自分の気になった物を見るように相手に求める「共感の指さし」や、相手からの質問に答える「応答の指さし」は、18ヵ月ごろからみられます。

あの箱に入れよう

共感の指さし。おもちゃをもたせ、しまう場所を指さしで示す

同じことをして遊ぶ

一緒に遊ぶと楽しいということを実感させます。毎日一定時間は、子どもと同じことをして遊びます。誰かと一緒に遊ぶときだけ出すおもちゃを決めておくのもよい方法です。大好きなおもちゃにすれば、一緒に遊ぶことを心待ちにするでしょう。

成長したら、簡単なお手伝いをさせ、達成感を得られるようにしてもいいでしょう。

子どもが好きなことを一緒に楽しむ。紙を丸めるのが好きなら、同じことをして遊ぶ

大人が一緒でなければできないような遊びで、人と遊ぶ楽しさに気づかせる

交互にかかわる遊びをする

楽器を交互にたたく、積み木を交互に積んでいくなど、人とかかわることで広がるような遊びをします。やり方がわからないようなら、子どもの手をとって、楽器をたたかせたりしてみましょう。また、おんぶして走るような、体を大きく使う遊びなどもいいでしょう。

目を合わせてこなくても、もっと遊びたいようすを示すことがあります。見逃さないように。

感動を体験させる

人の気持ちがわかるように、小さいうちによいものをたくさん見せましょう。お話、紙芝居、絵本、ビデオ、テレビ、映画などで、意識的に感動を体験させます。登場人物を評価してみたり、そのときに感じたことを大人が言葉にします。「○○は、やさしくていい人だね」などと、思いやりに気づかせます。子どもが反応したらほめます。

かわいそうだね

子どもにもわかりやすいストーリーのもので

お人形で練習する

言葉づかい、扱い方、態度のロールプレイを、お人形を使ってくり返し練習します。ものの扱い方をていねいにする、暴言・暴力の芽を早いうちに摘むといったことが目的です。そのほか、犬やねこなどの生き物に触れるのも、思いやりの心を育てることができるでしょう。

かみつきの予防

怒るとつばを吐いたり、かみつく子がいます。ガーゼハンカチなどで軽く口を押さえて、行動を止め、「つばを吐きません」「かみつきません」と、望ましい行動を言葉で伝えましょう。なかなかやめないようなら、しばらく徹底して止めるということが必要です。

ハンカチで軽く口元を押さえる

健全な愛着を育てる

甘えるときは母親から離れず、気に入らないことがあると
暴言・暴力をふるう子、愛着障害のある子への対応法です。

対人関係の基礎になるもの

　愛着が形成されてはじめて、人への信頼感ができていきます。基本的信頼感は対人関係の基礎になるものです。

　健全な愛着は、母子のやりとりのなかで育まれます。子どもは母親を目で追い、声がするほうを見て、泣いたり笑ったり、後を追ったり、しがみついたりします。母親はそのつど、子どもに答え、抱き上げたり、触れたり、見つめます。

　母子でしっかり触れ合い、向かい合うことから始めましょう。

待たせる体験を少しずつ始める

　誰でも1歳前後は「分離不安」が強くなる時期です。愛着関係がしっかりできていると、成長につれて離れることができるようになっていきますが、なかにはとても不安が強い子がいます。不安があまりに強いと母親からまったく離れることができなくなります。

　少しずつ待たせる経験をさせましょう。となりの部屋に行く、ベランダに洗濯物を干しに行くなど、短時間で短距離から始めます。

事前に予告する

　離れる体験を少しずつさせていくうえで、いきなりいなくなったりしないよう、注意してください。必ず予告し、どこにいくか、すぐに戻ること、少し待っていてほしいことを、簡単にわかりやすく説明します。

　わかりにくいようなら、絵や写真を使って説明するとよいでしょう。

すぐに戻ると理解させる

　離れる前に予告し、説明したことは必ず守ります。最初は時間も短く、すぐに戻るようにしてください。約束どおり、すぐに母親が戻ることで、母親は言ったとおりにしてくれることが、子どもにもわかり、信頼感が育っていきます。

　信じられるからこそ待っていられるのです。こうした母親への信頼が、やがて複数の人への信頼に広がり、豊かな人間関係が築かれるのです。

がまんして待っていられたら「えらかったね」などとほめる

すぐ戻るからね

子どもの信頼を裏切らないように

40

正しい触れ合い方を教える

つきとばす、たたくなどの乱暴な態度はすぐに止めます。そのうえで、手を添えて、状況に合わせた適切な触れ合い方や力の加減を教えます。理解できたようなら、本人だけでやらせてみます。

肩をトントン、軽くたたくように教える

すぐに修正させる

乱暴な言葉は、そのつど修正します。ダメと制止するだけでなく、その場で代わりの言葉を言わせます。言えない場合は、言い方を教えます。

きちんと修正して言えたら、ほめます。正しい言動をすれば認めてもらえる経験をさせましょう。

何度言ってもやめないときは、その言葉には返事をしないということも、ひとつの方法です。

「くそばばあ」などと言っても、冷静に「お母さん、でしょ」と教え、言わせる

悪い言動は最初が肝心

暴言や暴力はじょじょにエスカレートしていくものです。小さいからと見過ごしていると、大きくなるまでつづき、家庭内暴力につながることもあります。最初に悪い言動が出たときに、きちんと対応し、やめさせましょう。健全な愛着が育っていないと暴言や暴力になることもあります。

夫婦間の態度を見直す

子どもの暴言・暴力が周囲に影響されていることがあります。子どもを叱るとき無意識に悪い言葉を使ったり、体罰を加えていないでしょうか。また、夫から妻へ、妻から夫への態度も見直してください。ぞんざいな言葉づかいや暴力を子どもはしっかり見ています。

基礎知識

愛着は１〜２歳のころにもっとも強くなる

愛着とは、人間や動物の母子の間に見られる情愛的なきずな。乳児と親の相互交渉のなかで、母親が乳児の要求を感じとり、その要求に答え、反応することによって形成されます。生後６ヵ月ごろからじょじょにできはじめ、１〜２歳のころにとくに強くなります。その反面、分離不安も強くなるのです。

愛着が形成されていることで、乳児は母親を安全な基地として探索行動に出られます。いろいろな冒険をして、知的にも精神的にも発達していきます。そして母親との密接で温かい関係から、子どもは基本的信頼感を身につけていきます。

また、愛着の対象となるのは必ずしも母親に限らず、赤ちゃんと密接なやりとりをし、よく遊ぶ人との間に形成されるものであることが、わかってきました。

赤ちゃんの働きかけに母親が答える相互交渉から愛着が育っていく

言葉の発達を促す

言葉の出ない子、はっきりしゃべらない子への対応法。無理に言葉を言わせようとしないで。

明るく笑顔で話しかける

　言葉の発達は個人差が大きいうえ、遅れは発達障害ばかりが原因ではありません。

　焦るあまりに、話すことを強要する雰囲気は避けたいものです。子どもはプレッシャーを感じ、ますます言葉が出なくなります。

　明るく笑顔で話しかけることが基本です。言葉はコミュニケーションの中から育っていくのです。テレビや動画から言葉を覚えさせようとはしないでください。こうした音は乳幼児にとって単なる騒音にすぎず、言葉の力は育ちません。

タイミングを見る

　子どもの動きに合わせて、タイミングよく声をかけると、自然に出ることがあります。好きなものでひとりで遊んでいるときに、大人も同じもので、「バス、ブッブー」のように、同じ動きをしながら、声を出してみます。

聞こえているか確認する

　耳が悪くて言葉が出ないことがあります。聞こえているかどうかを確認します。

　自閉スペクトラム症の子は呼んでも振り向かないことがあるので、隣室で大きな音を出したりテレビなどをつけて反応するかどうかを確かめます。

隣の部屋でテレビをつけて、気づくか

理解しているか確認する

　聞こえてはいるようなら、言葉を理解できるかどうかを確認します。簡単な指示をして、通じるかどうかを見ます。

あそこの帽子とって

子どもにわかるもので指示を出す

反応を見る

　大人とやりとりして、気持ちの交流ができるかどうかを見ます。言葉が遅いだけでなく、視線が合わないなど、気になることがあれば、早期に療育を始めたほうがいいでしょう。

お目々はどこかな？

遊びの要素をとりいれて、確認してみる

世話をしながら言葉がけ

おむつを換えたり、着替え、食事などで子どもの世話をするとき、黙っておこなうのではなく、明るく言葉がけをします。

高めの声でゆっくり言うのがコツです。

チー出たね

一日の中で、細かくひんぱんに言葉がけを

子どもの動作に合った言葉がけ

身ぶり手ぶりはコミュニケーションにおおいに役立ちます。言葉は意味や音からだけでなく、動作や状況に合わせて覚えていくものです。

「よいしょ」「バイバイ」など、動作に合わせた言葉は覚えやすく、声に出しやすいでしょう。

ピョ〜ン

自分に注目してくれている安心感にもつながる

ようすを表す言葉をかける

擬音語や擬態語は子どもにわかりやすいでしょう。コロコロ、ポンポンなど同じ音のくり返しはまねをしやすく、声を出すきっかけになります。「いっぱい」「あついねー」など、共感できるような言葉もタイミングよく使いましょう。

子どもの気持ちを代弁する

痛い、悲しい、うれしいなどの気持ちを代弁する言葉は、自分の感情を言葉で表現できるようになるために、ぜひ覚えさせたいものです。

自分の気持ちをわかってもらえているという安心感にもつながります。

痛いね

「痛くない」と言うより「痛いね」と共感したほうが痛みがとれる

赤ちゃん言葉でもＯＫ

赤ちゃん言葉はくり返しが多く、単語が省略されているので、覚えやすい言葉です。音も高めなので、耳に入りやすいという利点もあります。

大人が赤ちゃん言葉で話しかけていても、その言葉で覚えてしまうことはありません。言語能力に合わせて、大人がじょじょに正しい言い方に変えていけばいいのです。

もしも赤ちゃん言葉を使うのが気恥ずかしいようなら、普通の言葉でもいいのですが、ゆっくりはっきり言うように心がけましょう。

言葉の発達を促す

名前を呼ぶ

　子どもに話しかけるときは、今、自分に話しかけられているとはっきりわかるように、名前を呼ぶようにします。なるべくゆっくり、音を延ばすように呼ぶのがコツ。やさしい感じになります。

「ア」に答える

　喃語が出てきたら、「ア」の裏側にある気持ちを推察し、親のほうが言葉にしていきます。言葉のコミュニケーションの前に、気持ちのコミュニケーションが必要なのです。

ワンワンだね

アー

この人にはわかってもらえるという信頼感も育つ

絵本や写真を一緒に見る

　絵本や写真を一緒に見るとき、言葉の理解を育てるために、「ニャーニャはどれかな」などと、指さしをさせてみます。合っていてもいなくても、親は「これだね」と指さし、共同注意を促すようにします。

ものと言葉が一致することにも役立つ

単語を文章にする

　子どもが「ブーブー」などの単語を言うようになったら、「青いブーブーがきたね」「ブーブー、速い速い」など、その語の使い方を広げるように答えます。強制されることなく、自然に文章として覚えられるでしょう。

声を出す状態をつくる

　子どもが思わず声をあげてしまった、という自然な状況をつくりましょう。手遊び歌で一緒に遊んだり、高い高い、おいかけっこなどで、子どもがつい声を出したら、それが話しはじめるきっかけになるでしょう。外で遊ぶとのびのびとして声を出すことが多くなるようです。

お馬さんパカパカも、子どもが喜ぶ遊び

親のひとり言を声に出す

　子どもの言葉の数を増やすためには、親が「あらら、こんな時間だわ」「今日はいい天気ね」など、ひとり言を子どもに聞こえるように声に出して言うこともひとつの方法です。
　「おしまいにしよう」などと区切りをつけるときに声に出すと、子どもの「区切りをつける力」が育つことにも役立ちます。

ストローで飲ませる

口の周囲の筋肉が未発達であるため、はっきりと発音できない子がいます。構音障害といいます。吹いたり吸ったりすることで、口の周囲の筋肉を鍛えます。

ストローで飲む動作は、唇をしっかり閉じた形を保ちます。冷たい飲み物は、なるべくストローを使うようにします。

1歳半ごろからできるようになる

フーフー冷ます練習をする

口のまわりの筋肉を鍛えます。熱い飲み物や食べ物を「フーフーしてごらん」などと言って、自分で冷まして食べるようにします。シャボン玉や風船をふくらませたり、ストローでブクブク泡立てる遊びでもよいでしょう。

熱い飲み物を冷ますのは、3歳ごろからできる

よくかむ・よくなめるように

しっかりかんで食べることは、口の筋肉を鍛える、あごを鍛える、消化を助けるなど、いいことが多いのです。また、ペロペロあめをなめる、ソフトクリームをなめるなど、口や舌を大きく動かす食べ物や食べ方を工夫しましょう。

あられとりゲーム

少々お行儀が悪いけれど、唇をぬらしてから、ひなあられやポン菓子のような米菓子をくっつけて、舌先でとりながら食べる遊びです。舌の動きをよくします。

ポッキーのような棒菓子を唇にはさんだあと、手を使わずに食べる遊びもよいでしょう。

小さくて、唇につきやすい菓子が最適

ブクブクうがい

口の中に水をためて、ほおをふくらませたりすぼめたりしてブクブクするうがいも、口の筋肉を鍛えます。

飲み込まないでブクブクできるようになるのは2歳半から3歳ぐらい。上を向いてガラガラうがいができるようになるのは、もう少し先です。風船ガムをふくらませるような難しい技は、さらに先になります。

ブクブクうがいは、2歳半ごろからできるようになる

こだわりを強くさせない

友達とかかわれない、こだわりが強い、こだわりからパニックになる子への対応法。

もっとおもしろいことを見せる

ひとりで黙々と遊んでいるのが、人とうまくかかわれないためということがあります。ほかの遊びに強引に誘うのではなく、子どもの近くで、興味をもちそうなことをしてみます。遊びに興味をもち、それをしている人にも興味が広がります。

飛んでいるシャボン玉は、子どもの目に入りやすい

近くで音をたてたり、楽しそうに歌を歌ってみる

ひとり遊びのじゃまをする

ひとりで遊んでばかりいて、まったくほかに目を向けない場合、少しじゃまをしてみます。

おもちゃを出して見せるなら、子どもの目線にします。その視線の先に親の顔があるように。

ひとりで遊んでいても、じつは人とのかかわりを欲している

過敏に反応しない

髪の毛をむしる、頭をたたくなどの自傷行為に過敏に反応すると、注意を引きたくて、ますますするようになってしまいます。危なくないところに移動させ、さりげなく、ほかのものに興味を向けさせます。

やめないようなら「痛い痛いストップ」と手を押さえます。

その行為をすると子どもの嫌いなにおいがするなど、不快な刺激を同時に与えるのもよいでしょう。

頭をたたくと、同時に子どもの嫌いな、酢やミントのにおいを近づけて、感じさせる

全面禁止にしない

こだわっている内容によっては、周囲に奇異に思われるかもしれません。全面的に禁止するのではなく、やってもよい場所を決めます。「お家の中だけ、外ではやりません」と約束します。

ひとり言は、「言ってもいいけれど口の中で言おうね」と条件をつけます。

ものにこだわる場合には、ごほうびとして使うようにしてもいいでしょう。

感覚の過敏さ・鈍さを直す

皮膚感覚、音、におい、味などにひどく敏感だったり、鈍感だったりする子への対応法。

マッサージ

　身体接触は皮膚感覚を育てます。衣服やおむつをはずし、手や足から始め、全身をさすります。最初は力を入れずさする程度に。ベビーオイルなどをつけておこなうとすべりやすくなります。

　ただ、感覚過敏の場合、そっと触るといやがることがあります。そのときはしっかり触るようにします。握手から慣れさせてもいいでしょう。

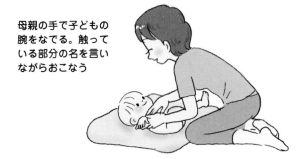

母親の手で子どもの腕をなでる。触っている部分の名を言いながらおこなう

いろいろなものに触らせる

　手からはいろいろな情報が得られます。触感の違うものをもたせてみましょう。形や素材、手触りの違うもので遊ばせます。口にもっていくこともありますから、大きさに注意し、清潔に。

タオル、ガーゼ、木製の輪や棒。音がするものもいい。お手玉や小さなボールをたくさん、箱の中に入れて触らせるのも

水遊び／砂遊び

　こだわりから、おふろや洗髪をいやがる子がいます。水遊びは水の感触に慣れ、皮膚も鍛えられます。バケツなどにくんで遊びましょう。

　砂遊びもふだん経験したことのない感触が味わえます。1歳を過ぎたら海水浴ができるので、海辺の砂遊びも楽しめます。

弱いところをソフトに

　肩や首筋、腰回りの感覚が過敏で、触られるといやがる子がいます。成長してから友達どうしで「触るな」などとケンカになる例もありますから、克服しておきたいものです。

　弱いところを最初は軽くトントンとたたきます。触ることにじょじょに切り替え、力を入れてマッサージします。

肩をたたく。慣れさせるために、毎日根気よく続ける

くすぐり遊び

　親子のコミュニケーションに最適です。軽くくすぐられることが好きな子は多いのです。手や足だけでも喜びます。歌に合わせてくすぐっても楽しいでしょう（下記参照）。

　ただし、いやがる子もいるので、無理強いしないよう、注意してください。

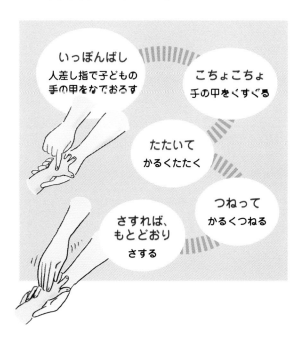

いっぽんばし　人差し指で子どもの手の甲をなでおろす

こちょこちょ　手の中をくすぐる

たたいて　かるくたたく

つねって　かるくつねる

さすれば、もとどおり　さする

偏食を直す

味やにおいに感覚過敏の子、好き嫌いの多い子、
こだわりから偏食のある子への対応法です。

考え方は2通り

偏食を直そうとするときの考え方は2通りあります。厳しくきっちり直していくか、気にしないか、です。どちらがいいとは言えません。食べず嫌いのこともありますし、生理的に食べられない子もいます。本人に合わせて考えます。

①きっちり直す

調理法や食べさせ方を工夫して、食べられるようにします。がまんする力をつけるためにも、ゆずらない態度が必要です。

嫌いなものを一口、好きなものを一口、と交互に食べさせる。1回の量を一口程度にする

すりおろして料理に混ぜるなど、調理法を工夫する

②気にしない

栄養的にはほかのものでカバーできるし、体が必要とすれば食べるようになるだろう、大人になると好みも変わるはずと割り切って考えます。

ただし完全にあきらめず、みんなと同じものを食卓に並べるなど、改善のための努力は必要です。

一緒に煮込んで盛り付けるときに取り除く。香りから慣れさせる

極端な偏食はスモールステップで

白いご飯しか食べないなど、栄養的にぜひ直したい偏食もあります。目標を低めに定め、達成感が得られるよう、スモールステップで、少しずつ食べられるものを広げていきます。

白いうどんしか食べない場合、おつゆを肉や野菜を入れてつくり、食べるときに取り除く

スモールステップとは

いきなり上級を目指さず、目標を細分化し、ちょっとがんばったらできる程度のことを目標にします。できたらほめます。失敗しても責めないこと。どうすればよかったか考え、その方法で再チャレンジします。成功体験を積み重ねることで、子どもは自信がつき、積極的に取り組めるようになります。

「食べ方」を通して社会的ルールを身につけさせる

成長後に、社会や周囲に迷惑をかけない子に育てるために。
衝動性が強く、がまんができない子には、小さいときが勝負です。

冷蔵庫を勝手に開けさせない

➡ **善悪の区別**

冷蔵庫を開け、好きなものを好きなときに食べたり飲んだりするのは厳禁です。食べ物や飲み物が欲しいとき、勝手に食べたり飲んだりさせてはいけません。家庭で許していると、ほかでも同じようにするでしょう。

意思を示せるようになったら、親が意思を確認し、親から与えます。

「〇〇がほしい」と
言わせます

いくつ食べていいか考えさせる

➡ **他人への配慮**

料理やおやつを、1つの皿に盛り、自分がいくつ食べていいか考えさせます。他人への配慮ができる子になるでしょう。

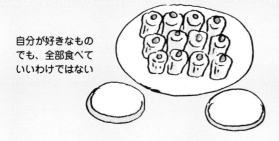

自分が好きなもの
でも、全部食べて
いいわけではない

自分のものを区別する

➡ **善悪の区別**

小さい子どもだからと大目に見ないで、親のもの、きょうだいのもの、自分のものを区別させます。使いたいときは、「貸して！」と言わせ、「いいよ」と返事をもらってから使わせましょう。

お菓子が残っていても、
勝手に食べてはダメ。
親に確認させる

レジがすむまで食べさせない

➡ **万引きの防止**

どうせ買うのだからと、精算前にお菓子などを勝手に食べさせてはいけません。買うという意味がわからなくなります。

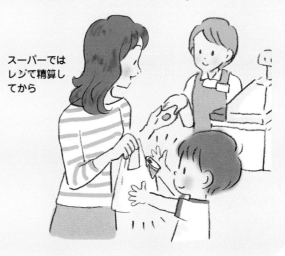

スーパーでは
レジで精算し
てから

睡眠のリズムをつくる

十分な睡眠は脳の発育を促します。寝つきが悪い、眠りが浅い、
たびたび目が覚めるなど、睡眠のリズムができていない子への対応法です。

眠りの環境を見直す

　大人でも明るさや騒音があると眠れないものです。まず、落ち着いて眠れる環境が整っているかどうかを見直します。夜中に目が覚めてしまうときの温度や湿度、光の状況、ふとんの軽さや重さ、周囲の音がチェックポイントです。

　新生児のうちは睡眠のリズムができていませんが、環境を整えることで、じょじょにリズムをつくっていきましょう。

暑さ対策を

　暑いと体がむずむずして、眠れなくなる子がいます。涼しい寝具にします。タオルで包んだやわらかい保冷剤を、シーツの下に入れるのもいいでしょう。

ふとんを少し重くする

　掛けぶとんが軽いために落ち着いて眠れない子がいます。圧迫感で落ち着くので、敷きぶとんに少しくぼみをつくって、そこにはまるように寝かせたり、少し重い掛けぶとんにしてみます。ハンモックだと眠ることもあります。

　母親がおくるみをつくると、母親のにおいが移るので安眠する子もいます。

朝は光を、夜は闇を

　睡眠だけでなく、生活全体のリズムを整えていきます。人間の生体リズムには光が大きくかかわっています。遮光カーテンや雨戸などで、明るさと暗さのメリハリをつけます。人工的な光も、夜には落としていきます。子どもを9時に寝かせたいなら、その1時間前にはテレビを消します。

　ただし、暗闇をこわがる子がいます。そのときは、小さなあかりをつけておいてあげましょう。

　朝早く起こすようにすると、寝つきもよくなります。

大人も静かな環境づくりを

　父親の帰宅時間が遅いと、子どもを起こしておきたいでしょうが、しばらくはがまん。子どもが寝ついてからは、大きな声で談笑したり、大きな音でテレビをみたり、ゲームをしたりしないよう、気をつけましょう。

昼間は十分に体を動かす

　昼間に運動不足だと、眠りが浅くなります。乳幼児でも日光浴やマッサージをしましょう。

　歩けるようになったら、公園や遊びの広場に行ったりして、体をしっかり動かしましょう。

薄いふとんで軽く包み
こむように巻いて寝か
せると安眠することも

親子で歩くなど、
外遊びが望ましい

入眠を儀式にする

ふとんに入って眠るまで、いつも一定のやり方をつくり、儀式のように毎日おこないます。子どもの興味が就寝に向かい、これから寝るということが予測できて安心します。

①寝る時間を決めておく

時間になったら「寝る時間よ」と声に出して確認する。

②パジャマに着替える

「パジャマに着替えよう」と声をかけ、着替えさせる。

いずれ自分で着替えられるよう教えながら

③本を読む

絵本を1冊、などと決めておき、読み聞かせをする。ふとんの中でもよい。あるいは軽くふとんをたたきながら子守歌を1曲歌うのもよい。

④電気を消す

「おやすみ」などと声をかけ、電気を消す。しば

らく添い寝をするなど、気持ちを落ち着かせる。同じ順番で毎日くり返す。

なかなか寝つかないときは、寝る前にガリバー練習（P53参照）をすると、そのまま寝てしまうこともあります。

泣く前に起こしてリズムを変える

夜寝てから、一定の時間にいつも激しく泣くことが続くようなら、その時間の前に一度起こして目を覚まさせ、少し時間をおいてから寝かせると眠りにつきやすくなります。落ち着くようなら水を飲ませてもいいでしょう。

極端な睡眠障害は医療機関を受診しましょう。

泣き出す前に起こして、少し経ったら、また寝かせる

基 礎 知 識

睡眠パターンは数ヵ月かかってできる

新生児のうちは、脳が発達途上にあるため睡眠のリズムが未発達です。眠っているときと起きているときの境がはっきりしていないうえ、どちらとも区別できない状態があります。1日の3分の2ほどの時間ははっきり目覚めていません。

生後3ヵ月ほどで、昼夜の眠りの違いができてきますが、まだ眠りは浅く、1回の眠りは短く、何度も寝たり起きたりします。

2歳くらいになると、リズムができてきて、昼間は目覚め、夜間は眠り通すというパターンができてきます。

睡眠のパターンは脳の発達にともなってできてきます。寝る子は育つというとおり、睡眠には脳を休ませるという重要な役割があります。睡眠のパターンができるまで、親はたいへんですが、これも子どもの脳が育つためと、のりきりましょう。

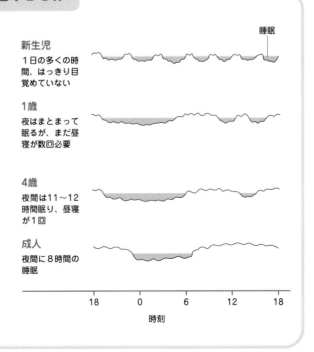

睡眠

新生児
1日の多くの時間、はっきり目覚めていない

1歳
夜はまとまって眠るが、まだ昼寝が数回必要

4歳
夜間は11～12時間眠り、昼寝が1回

成人
夜間に8時間の睡眠

18　　0　　6　　12　　18
時刻

大熊輝雄『睡眠の臨床』医学書院より

落ち着きのある子に

じっとしていられない子、集中力のない子、衝動性のある子への対応法。

生活リズムを整える

　大人でも寝不足だとイライラします。就寝時間が遅くなっていないかをまず見直しましょう。

　生活の流れがわかりやすくなるように、節目になることがらの時間を決めます。起床、就寝、食事、おやつ、入浴の時間はぜひ決めてください。生活上のけじめをつけるために、あいさつは励行しましょう。「おはよう」「いただきます」「おやすみ」は、大人どうしもきちんと言います。

しまい方を体でおぼえさせる

　おもちゃを片付けるときに、投げ込むような動作はやめさせます。おもちゃを投げ込もうとしたら、以下の要領で対応します。
・おもちゃをもった子どもの手を外からつかむ
・そのまま箱の中へ入れる
・下のほうで大人の手を子どもから離す
・子どもの手が開き、おもちゃが静かに着地
　再びおもちゃを子どもに渡して、今度は子どもだけでさせます。また投げ込もうとしたら、もう一度同じことをします。これを3回ぐらいくり返します。

おもちゃをもった子どもの手を、大人が外側からつかんで、箱の下のほうまで入れる

スマホやタブレットは大人が管理

　脳の機能に障害がある子の場合、スマホやタブレットで動画やゲームにはまりやすい傾向があります。ゲームはやらせないほうがいいでしょう。

　動画は、子どもの自由にさせないで、見るものを決めて、スマホやタブレットの操作は大人がするようにします。時間だけでなく、内容も吟味してください。暴力的・攻撃的な内容は、幼児の攻撃性を高めるという心理学的実験報告もあります。テレビも同様です。

親が管理するもの、というルールをつくってしまう

人形に乱暴させない

　人形を乱暴に扱っているようなら「痛い、痛いって言ってるよ」などと、止めます。そっと手を添えて抱くように教えます。大人の手を添えて、力の加減も体験させましょう。

「いい子いい子しようね」と乱暴にしたところをなでさせる

ガリバー練習

3歳ぐらいから。多動を抑える練習に最適です。おとぎ話のガリバーのように、仰向けに寝て、じっとしている練習です。最初は10秒程度から始め、じょじょに時間を延ばしていきます。視線も動かしません。

数を数えたり、時計を見ながら練習させます。朝晩、2回ぐらいやるとよいでしょう。

指1本でも動いたらやり直し。動いたところはすぐに触って気づかせる。目をつむってもよい

静かに座る練習をしてもよい。30数えるまで、50数えるまで、と時間を増やしていく

椅子に座ってガリバー練習。足がぶらぶらしないよう、足を置く台などを決めておくとよい

だるまさんがころんだ

遊びの中で集中して静止することを覚えさせましょう。幼児期になったらできる遊びです。

制止したいなら×を見せる

おしゃべりが止まらないときには、「静かに」と言うだけではなく、×のカードを出すと、視覚的にすぐわかります。

パソコンに触りたがる子が多いので、「パソコンには触りません」と言うだけでなく、パソコンに×をつけておきます。テーブルに上がりたがる場合には、テーブルにも×をつけておきます。すぐにわかるよう、大きめの×にします。

口の絵に×をつけて、おしゃべりストップ

開けてはいけない引き出しや棚などには×をつけて、お約束

出かける前に約束する

予定を説明し、約束をしてから出かけます。一方、落ち着かない気持ちになったときのため、好きなおもちゃなどを用意し、たいくつしてきたようなら、おもちゃで興味を引きつけます。

注意するときは「静かに！」ではなく、「座って本を読もうか」などと具体的に。もともと静かにできないことを理解し、ときには、席をはずすなど息抜きの時間を入れましょう。

がまんができる子に

動き回る子、衝動性の強い子は、とくにこの力が大事。

約束させる

「スーパーに買い物に行くけれど、今日はお菓子を買いません」などとあらかじめ約束させます。ときには譲ることもあるでしょうが、その場合でも、子どもに少しがまんをさせてから譲るようにします。ここは譲れない、というときには、速やかにその場を離れます。

ゆびきりげんまん

約束が守れたらほめる

お手伝いをさせる

「○○をとってくれる？」などと、簡単なお手伝いをさせましょう。自分の欲求をがまんして、周囲に合わせることができる力を育てます。

じょうずにできたらほめ、人の役に立つことの喜びも体験させます。

タオルとってくれる？

洗濯物を干すお手伝いならできる

あえて待たせる

おやつのときなど、まっさきに出さず、あえて待たせるような順番にします。食事のときも、家族みんなそろうまで待たせます。

「早くやって！」などと子どもが急に怒ったりしても、「○○が終わってからね」と説明し、がまんする力を育てます。

大人に確認させる

家族を待たず勝手に食事を始めるのはマナー違反。待つことができずに、勝手に食べはじめたりしないよう、小さい子どものうちから教えます。なにか欲求があるときは、大人に確認するくせをつけさせましょう。がまんする力はぜひ身につけさせたいものです。

待つ時間を決める

待たせるときには、「お父さんが帰ってくるまで、あと10分待ってみようか」など、いつまで待つか目安を示すと、待っていられます。「お母さんは3時まで先生とお話しするよ。椅子に座ってこの本を読んでいてね」などと待つ間のことも具体的に指示します。

時間がわからないときには、「時計の針が12のところにいったらね」と時計を示しながら説明するか、シールをつけてもよい

「貸して」を教える

友達がもっているおもちゃがほしいとき、いきなりとったりしないよう、「貸して」という言葉を教えます。もしも貸してもらえなくても、泣いたり騒いだりしないよう、約束する必要もあるでしょう。

逆に、「貸して」と言われたら、「いいよ」と貸してあげる練習もしましょう。

一瞬でも、自分の欲求を抑えないと言えないので、がまんの練習になる

1つ出すなら1つしまう

おもちゃを次々に出して、散らかしたまま遊ばないよう、1つ出すなら1つしまう習慣を身につけさせます。多動や衝動性を抑える練習にもなります。また、「もうおしまい？　なら片付けようか」と言うと「もっと遊ぶ」と、遊びが長続きすることもあります。

遊びたいけど、ちょっとがまんして、お片付け

食事は皆でいっしょに

食事中に立ち歩かないようにします。食事を始めたら、勝手に椅子から降りさせません。もしも降りたら、すぐに戻します。じっとできないなら、「ごちそうさま」を言わせ、食事を終わりにします。追いかけていって食べさせたり、遊び食いを許すのは禁物です。ただ、ひとりだけ早く食事がすんだら、「ごちそうさま」とあいさつすれば、席を離れていいことにします。

状況によっては、食べやすい形にしたり、量を少なめにする工夫も必要でしょう。

全員が食卓について「いただきます」をするまで、食事を待たせる

ひじかけのある椅子だと、勝手に降りられない

かんしゃくを起こしたとき

かんしゃく（大声で騒ぐ、泣き叫ぶ、暴れるなど）がひどいときに。

①状況を確認する

かんしゃくを起こしたときには、冷静に、が基本です。対応策は事前に考えておき、ルールは一貫させます。

まず、かんしゃくを起こした状況を確認します。原因を５Ｗ１Ｈ（いつ、どこで、誰と、なにを、なぜ、どのように）で探ります。たとえば、次のようなことが原因になっていないでしょうか。

暑さ　　音　　感触　　におい

こだわり　　予定の変更　　ストレス

②原因を取り除く

暑さが原因なら、上着を１枚脱がせたり、冷たい飲み物を一口飲ませたりすると、治まることがあります。子ども（友達）の声がうるさいなら、耳をふさいだり、その場から離れます。肩に触れると怒るなどの感覚過敏があるようなら、マッサージで刺激に慣らします（Ｐ47参照）。

冷たいタオルで顔をふくといい

③気持ちを切り替える

イライラしたり、落ち着かなくなってきたようなら、気持ちを切り替えさせます。好きなものを準備しておき、タイミングよく提示します。たとえば、音楽、車・電車のおもちゃ、本などが適しています。

④新しいことは説明しておく

新しいことを経験させるときには、とくに前もってよく説明しておきます。こだわりや不安からかんしゃくを起こすことがよくあります。

視覚的に理解できるよう、絵や写真を使って説明しておくことが望ましい

⑤終了は段階的に

夢中で遊んでいるところを急にやめさせようとしてもむずかしいでしょう。遊びの終了は２〜３段階に分け、予告をしていきます。「あと15分で終わりだよ」「そろそろ片付けようね」「はい、片付けてください」といった具合です。

3歳ごろになると、パニック（大泣きする、フリーズ、うろたえるなど）を起こすこともあります。①〜⑥は、パニックへの対策にもなります。

乳幼児期より専門の医療機関と連携しておくことが大切です。健康診断のつもりで定期的に相談に行くなど、思春期になって困らないように、あらかじめ対策を立てておきましょう。

⑥スケジュールを知らせる

　自分が次にすることがわかっていると安心します。「服を着替えたらお顔を洗うよ」「お顔を洗ったらご飯を食べようね」「ご飯を食べたらお買い物に行くからね」とひとつ先の行動も含めて、具体的に伝えます。

⑦事前に約束する

　いつものわがままが出そうなときは、事前に約束させます。「今日は買いません」「がまんしたら、最後にひとつだけ買います」。

　約束しても、突進するようなら、いくつかの方法で抑えます。

●子どもががまんしやすいよう、抱えて素早く通りすぎる。または、カートに後ろ向きに乗せるなどの工夫を。

無言で走り去る

言葉と抑止を
両方おこなう

●大人が体でさえぎったり、手を押さえます。かっとして暴れそうになったら、すっと手を離し、また手を出したら押さえる、のくり返し。あきらめたところでほめます。

●子どもの気持ちを、大人が言葉で表現します。「ほしいね。でも今日はがまんしようね」。なるべくダメと言わないように。

●状況によっては、条件をつけて少しだけがまんさせ、譲歩させるぶん、少しだけ聞き入れるということも必要でしょう。「今は買うけれど、お家に帰るまでは食べないでもっていられるかな？」と約束させます。

⑧安全を確保して待つ

　かんしゃくが起きてしまったら、大人は騒がず、静まるまで冷静に待ちます。ただし、けがをしないよう安全は確保してください。「温かい無視」の方針で。要求は飲まないよう、一貫した態度が必要です。

　自分で泣きやんで起き上がってきたら、「ひとりでがまんしたね。えらいよ」とすぐほめます。

子どもが視界の端に入るように目を離さず、知らんぷりする

⑨クールダウンの方法を決める

　その子なりのクールダウンの方法を決めておきましょう。冷たい水を飲む、「がまんがまん」と言葉に出して言うなど。がまんボールを決めておき、がまんできたら家に帰って大きなびんにひとつ入れ、びんがいっぱいになったら、なにかいいことが……というお楽しみもいいでしょう。

睡眠をしっかりとらせる

　発達障害があると、ストレス耐性（ストレスに耐える力）が低い傾向があります。体調にも波があり、全体として6割程度の耐性だと考えておいたほうがいいでしょう。負担のかけ方に注意し、とりわけ睡眠はたっぷりとらせます。

認知能力を育てる

形、色、数など、目や耳から入る情報を適切に受け取り、
処理する力を育てます。

鏡を見せる

　鏡に映った自分の姿を見せます。それが「自分」というものだと理解することが、自我を育てるという説もあります。視線が合いにくい子も、自分の姿には興味を示します。自分で自分の顔を見つめさせてみましょう。

隣にいるのが母親と気づくようになる

かお・からだパズル

　身体感覚が弱いと、自分の手足や目鼻の位置が想像できません。はじめは見本のとおりに置かせてみて、できるようになったら、見本なしで置きます。手作りのものでいいです。少し大きめに作りましょう。

目鼻口の位置をつかむ。身体の各部の位置をつかむ

あてっこ遊び

　小さなものを見せ、パッとどちらかの手に握って、子どもの前にグーの形で見せます。どちらの手に入っているかあてさせます。

　あたっていてもいなくても、子どもが指をさしたほうの手を開いて、見せます。

「どっちの手に、
入ってるか」

ハンカチかくし

　赤ちゃんにとって、見えないものは「ない」ものです。ものの上にハンカチをかけ、パッと取り除いて見せます。いきなりものが現れるので、驚きます。

ハンカチを自分でとらせてもいい

動くものを目で追う力をつける

　くるくるチャイム、クーゲルバーン、玉落としなどの名前のおもちゃ。上から落ちていく玉の流れを目で追います。親子で一緒に遊んでもいいでしょう。

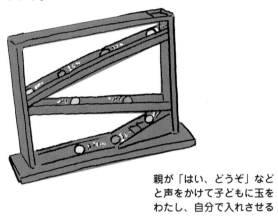

親が「はい、どうぞ」などと声をかけて子どもに玉をわたし、自分で入れさせる

色、形を見分ける力をつける

　積み木や色板で遊ぶうち、色や形がわかるようになります。同じ色や形でグループ分けしてみたり、「これと同じものはどれかな」などとマッチングさせたりして遊びます。

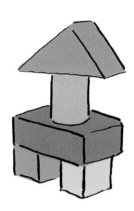

積み木は色、形、数、バランスなど、多くのことを認知する遊び

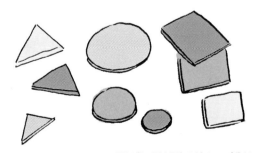

同じ色、同じ形でグループ分け。3枚集めたら箱に入れるなど、アレンジもできる色板遊び

大きさや太さを見分ける力をつける

　「リングさし」などの名称で市販されているおもちゃを使います。棒にリングをさしこんで遊びます。

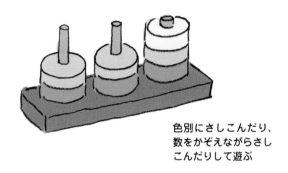

色別にさしこんだり、数をかぞえながらさしこんだりして遊ぶ

　同じ形で大きさの違うおもちゃを重ねて遊ぶうちに、ものの大小がわかるようになります。

コップ重ね。小さいコップを大きいコップの中に入れる

ジグソーパズル

　複雑な形を認知する遊びです。最初は数の少ない4ピースや6ピースから始めるといいでしょう。

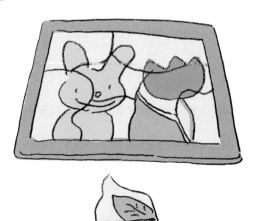

1歳6ヵ月ごろから遊べる

身体機能を高める

体の動きがうまくコントロールできない、多動の子、衝動性のある子、
全体的に動きがぎこちない子は、遊びながら体を動かすようにします。

歩く／三輪車

つま先立ちになったり、小走りになる子がいます。筋緊張が強すぎたり、足の力が足りないことも一因です。たくさん歩くのがいちばんです。

三輪車をしっかりこいで足の裏を使う遊びでも鍛えられる

水遊び

水遊びは、皮膚の感覚過敏を改善する目的にも合います。少し大きくなったら、水泳もいいでしょう。ばた足はつま先立ち改善にもなります。

ひこうき

体を支える力がないと、姿勢が保てません。親子で遊ぶなかで手や足、腹筋など、体を支える力をつけていきます。ひこうきをイメージさせ、両手両足をしっかり広げて保ちます。

子どもが喜ぶ遊び。親にとってもいい運動

トランポリン

ブランコよりもトランポリンのほうがこわがらずにできる傾向があります。大人が両手をもって、補助をして、けがのないように遊ばせます。

体のバランスをとりながら

タオルブランコ

大きめのタオルやシーツの中央に子どもを寝かせ、大人が両側からもって、ゆらして遊びます。歌を歌いながらゆらしても楽しいでしょう。

両端をしっかりもって、左右にゆらす

パラシュート

空気を大きく動かす遊びです。布の下に入る子を複数人にしても楽しいでしょう。皮膚感覚の過敏や鈍麻の予防にも効果があります。

シーツなど薄くて大きめの布を数人でもち、下に子どもを座らせて、大きく上下する。動きに合わせて子どもが出たり入ったりしてもよい

シールをペタペタ

手や足にシールや小さなセロハンテープを貼ったりはがしたりする遊び。子どもが自分でシールをつまんだり、はがしたりすることで、指先の動きの訓練につながります。感覚過敏や鈍麻の予防にもなります。

ただ、かぶれなど、皮膚の弱い子は避けるほうが無難です。口に入れないよう注意しましょう。

「右のあんよに貼ろうね」などと言いながらおこなうと、体の部分を意識することにも役立つ

積み木並べ

色や形の違う積み木を横に並べて見せ、同じように並べる遊び。積み木がくずれないように、積み上げていくのも楽しいです。

手先を使うだけでなく、認知能力を育てることにも役立つ

ひも通し

手先が不器用な子がいます。小さいうちから手や指を使う遊びをさせましょう。粘土遊びや、新聞紙を丸めたりちぎったりしてビニール袋につめてボール遊びをしてもいいでしょう。

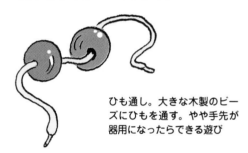

ひも通し。大きな木製のビーズにひもを通す。やや手先が器用になったらできる遊び

できることの目安

手先の作業の発達は個人差が大きいので、下記は目安です。

6ヵ月～1歳
- 容器に物を入れる・出す
- 親指と人差し指で物をつまむ

1～2歳
- 積み木を積む
- 型はめ（型は3種類）
- スプーンですくって入れる
- 歌に合わせて手を動かす（「きらきら星」で手をキラキラする）

2～3歳
- 砂を型にはめて遊ぶ
- 1回紙を切る
- シールを貼る
- 1回紙を折る
- スタンプを押す

療育に用いられる主な方法と理論

発達障害のある子への対応を「療育」といいます。療育とは治療と教育を合わせた概念です。

乳幼児期は脳の機能が育つ時期。脳の機能がうまく働かない発達障害では、この時期に療育を始めることが重要なのです。療育に用いられる主な方法は以下のとおりです。

●ＴＥＡＣＣＨ（ティーチ）

自閉スペクトラム症のための療育法。米国ノースカロライナ州立大学で研究・開発された総合的・包括的なプログラムです。どの空間（場所）が、なにをする場所なのかを明確にする空間の構造化や、時間（スケジュール）の視覚化・構造化を用いて、状況の理解を助けます。構造化とは、その子に合わせて、情報を整理し、理解しやすい環境づくりをすること。子どもが将来的に集団や社会の中で自立していけるように促します。

●行動療法

よい行動はほめて「正の強化」をし、悪い行動は叱って「負の強化」をおこない、よい行動、適切な行動パターンを身につけるように促します。

目標を細かく設定し、くり返しおこなうことで、成功体験を増やし、自尊感情を高め、適切な行動を習得させます。

●ＡＢＡ（応用行動分析）

望ましい行動を定着させるために、子どもがその行動をするようにヒントを与えて促します。結果を評価することで、望ましい行動を身につけたり、望ましくない行動を抑えたりできるようになります。その後、ヒントがなくても望ましい行動ができるようになったら、日常の生活習慣など複雑な行動につないでいきます。

●ＰＲＴ（機軸行動発達支援法）

ＡＢＡに基づいていますが、大人が教えるのではなく、選択権は子どもにあります。行動をひとつずつ教えるのではなく、まず重要な中核的領域（機軸領域）の発達を、自然なやりとりのなかで促します。その結果、ほかの領域の発達も促進されます。ＰＲＴの考え方は、多くのプログラムに導入され、実践されています。

●認知行動療法

子どものものの見方や処理のしかたにある特性をとらえ、現実に合うように変えていく方法。よいモデルを提示し、不適切な反応を消去する「モデリング」や、社会的なスキルを身につける「ＳＳＴ」（下参照）などの方法があります。

●ＳＳＴ

絵を見せるなど視覚に訴える方法によって不適切な社会的行動について問題提示をし、その行動のもたらす結果について話し合います。さらに、適切な行動について話し合い、実際の場面での応用を可能にするように、その行動をロールプレイしていきます。

●感覚統合療法

発達障害では、脳の中に入ってくる感覚情報を目的に応じて整理し、構成することが、うまくできません。とくに触覚、前庭覚（重力と運動にかかわる感覚、平衡感覚）、固有覚（筋肉と関節にかかわる感覚、力加減、手足の動きや位置の感覚）などのネットワークがうまく機能していないと考えられます。これらの感覚を、例えば以下のような遊びの場面で体験させていきます。

触覚：ボールプール、感覚遊び
前庭覚：ブランコ、すべり台、トランポリン
固有覚：ジャンプ、キック

●動作法

本来は脳性マヒの子どもの動作の不自由さを改善する方法です。具体的な特定の動作を教えます。子どもは動作を課題どおりになるように修正し、適切な動作を習得することで、動作をどのようにコントロールしていくかを、体で覚えます。

●ＥＳＤＭ（アーリースタートデンバーモデル）

１歳からスタートする療育プログラム。２〜５歳が対象のＤＭ（デンバーモデル）とＰＲＴがもとになっています。両親と治療チームでカリキュラムを作成し、あらゆる場面で療育の目標、対象、活動などを話し合います。子どもが好きな活動をするなかで、ジェスチャー、動作模倣、コミュニケーション、代替行動などを教えていきます。

ＥＳＤＭについて詳しく知りたい人は『発達が気になる赤ちゃんにやってあげたいこと』（黒澤礼子著／講談社・健康ライブラリースペシャル）をご覧ください。

相談窓口を利用する

主な相談先は

まず保健所で相談しましょう。また、以下のような機関に、直接相談に行くことも可能です。

●**保健所、健康サポートセンター**

乳幼児健診や育児相談をおこなっている、身近な相談機関です。

●**子ども家庭支援センター、子育て相談センター**

子育てに関する相談、発達相談に応じます。

●**児童発達支援センター、児童発達支援事業所**

右下コラムを参照。

●**地域の療育センター、民間の療育機関**

名称はさまざまですが、発達が気になる子どものための機関です。

●**児童相談所**

子どもに関する相談の総合的な窓口。発達検査や診断、療育手帳の交付や支援機関の紹介など。

●**医療機関**

小児神経科、児童精神科が最適です。かかりつけ医や小児科に紹介してもらうといいでしょう。

●**教育相談機関**

教育センター、教育研究所など。臨床心理士などが、発達と教育にかかわる相談に応じます。5〜6歳以上が対象のところも多いので確認を。

●**発達障害者支援センター**

発達障害者の支援機関として、各都道府県・指定都市に順次つくられています。

●**大学の研究室に関連する総合相談センター**

独自に相談窓口をもっている大学もあります。

●**その他相談先**

発達障害児の療育をおこなっているNPO法人などがあります。

親の会を探す

同じ立場の人と情報交換することも役立ちます。インターネットで仲間を探すという手もあります。主な会のホームページは以下の通りです。

●**一般社団法人　日本自閉症協会**

http://www.autism.or.jp/

●**NPO法人　全国LD親の会**

https://www.jpald.net/

●**NPO法人　えじそんくらぶ（ADHD）**

https://e-club.jp/

●**NPO法人　アスペ・エルデの会**

http://www.as-japan.jp/

●**一般社団法人　日本発達障害ネットワーク**

https://jddnet.jp/

児童発達支援事業

児童福祉法にもとづく事業で、医療型と福祉型があります。発達障害の子どもの支援は、福祉型に該当します。

相談先や通所先としては、児童発達支援センターと、児童発達支援事業所があります。

児童発達支援センターは、地域の中核的な施設です。通所することができ、センターから保育園などへ専門家が出向いて助言や援助もおこないます。児童発達支援事業所は、障害のある子どもや保護者へ、早期に必要な指導や支援をおこなう施設です。どちらも、0歳から就学前の子どもが対象です。

利用料金は国と自治体の給付により1割負担（3〜5歳は無料）ですが、サービスの利用には「通所受給者証」の取得が必要です。

著者プロフィール

黒澤礼子 （くろさわ・れいこ）

公認心理師。臨床心理士。臨床発達心理士。東京大学文学部心理学科卒。筑波大学大学院教育研究科修士課程修了。聖徳大学幼児教育専門学校講師、法政大学講師、神奈川大学大学院講師、子ども家庭支援センター心理・発達相談員を経て、順天堂大学医学部附属順天堂医院小児科にて心理・療育相談。特別支援教育・保育アドバイザーなどを務める。主な著書に『心身障害Ｑ＆Ａ児童虐待』（黎明書房）、『新版 発達障害に気づいて・育てる完全ガイド』『新版 幼児期の発達障害に気づいて・育てる完全ガイド』（いずれも講談社）などがある。

編集協力	オフィス201（新保寛子）
カバーデザイン	都井美穂子＋next door design
カバーイラスト	くぼあやこ
本文デザイン	南雲デザイン
本文イラスト	あべのぶこ

健康ライブラリー
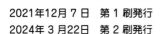
新版 赤ちゃんの発達障害に
気づいて・育てる完全ガイド

2021年12月7日　第1刷発行
2024年3月22日　第2刷発行

著者　　黒澤礼子（くろさわ・れいこ）
発行者　森田浩章
発行所　株式会社講談社
　　　　東京都文京区音羽二丁目12-21
　　　　郵便番号　112-8001
　　　　電話番号　編集　03-5395-3560
　　　　　　　　　販売　03-5395-4415
　　　　　　　　　業務　03-5395-3615
印刷所　TOPPAN株式会社
製本所　大口製本印刷株式会社

N.D.C.371　63p　30cm
©Reiko Kurosawa 2021, Printed in Japan

 KODANSHA

参考文献

『新版 幼児期の発達障害に気づいて・育てる完全ガイド』
（黒澤礼子著／講談社）

『1・2・3歳ことばの遅い子』
『健診とことばの相談』
（中川信子著／ぶどう社）

『場面別に楽しむ「語りかけ」』
（中川信子監／小学館）

『認知・言語促進プログラム』
（津田望・東敦子監／コレール社）

『認知発達治療の実践マニュアル』
（太田昌孝・永井洋子編著／日本文化科学社）

『乳幼児健診ハンドブック』
（平岩幹男著／診断と治療社）

『発達障害の早期支援』
（大神英裕著／ミネルヴァ書房）

厚生労働省ホームページ

本書は2009年に発行した『赤ちゃんの発達障害に気づいて・育てる完全ガイド』を見直し、新しい情報を加えた新版です。

令和4年簡易生命表
ABRIDGED LIFE TABLES FOR JAPAN 2022

厚生労働省政策統括官（統計・情報システム管理、労使関係担当）編
DIRECTOR-GENERAL FOR STATISTICS,
INFORMATION SYSTEM MANAGEMENT AND INDUSTRIAL RELATIONS,
MINISTRY OF HEALTH, LABOUR AND WELFARE

一般財団法人　厚生労働統計協会
HEALTH, LABOUR AND WELFARE STATISTICS ASSOCIATION

ま　え　が　き

　令和４年簡易生命表は、日本における日本人について、令和４年１月から12月までの１年間の死亡状況が今後変化しないと仮定したときに、各年齢の人が１年以内に死亡する確率や、平均してあと何年生きられるかという期待値などを、死亡率や平均余命などの指標によって表したものです。

　これらの指標は、男女別に各年齢の人口と死亡数を基にして計算されていることから、我が国の年齢構成に左右されるものではなく、日本の死亡状況を厳密に分析する上で不可欠なものとなっています。また、０歳の平均余命である「平均寿命」は、すべての年齢の死亡状況を集約したものとなっており、保健福祉水準を総合的に示す指標として広く活用されています。

　この報告書には、令和４年簡易生命表及びその作成方法に加えて、第１回以降の完全生命表の平均余命、昭和23年以降の簡易生命表の平均余命、平均余命の国際比較の表などを付録に掲載しておりますので、広くご活用いただければ幸いです。

　令和５年12月

厚生労働省政策統括官（統計・情報システム管理、労使関係担当）

森　川　善　樹

表 章 記 号 の 規 約

減少数（率）の場合	△
計数不明又は計数を表章することが不適当な場合	…
計数がない場合	－
計数が微小（0.005未満）の場合	0.00

（1）掲載の数値は四捨五入して記載していることから、これらの数値の四則演算結果が対応する数値と合わない場合がある。

（2）新型コロナウイルス感染症には、新型コロナワクチンの副反応を原死因としたものを含まない。ただし、令和3年は含んでいる。

担当係
人口動態・保健社会統計室計析第一係
電話　03（5253）1111
内線　7470

目　　　　次

I 簡易生命表の概要

1 生命表とは

生命表とは、一定期間（作成基礎期間）におけるある集団の死亡状況を年齢の関数（生命関数）として表したものである。生命関数の中で最も広く使われている平均余命は、「ある年齢の者が、当該期間での死亡状況で死亡していった場合に、平均して今後どの程度の期間生きていることが期待されるか」を表した指標である。特に、０歳の平均余命である平均寿命は全ての年齢の死亡状況を集約しており、保健福祉水準を測る総合的指標として広く活用されている。

また、このほかにも、生命表には様々な生命関数が示されている。これらの種々の関数は、生命表の基本的考え方とでも呼ぶべき、死亡秩序を捉える一つの概念に基づいており、この考え方を色々な側面から表現したり、そこから導き出されたりしたものが、生命表に示されている各関数となっている。この基本的考え方の一つの表現は、「各年齢において人が死亡する確率は、年齢に応じて捉えることができ、これを算定し一定と仮定する」というものである。

それでは、平均余命は、実際にはどのように導き出されるのであろうか。いま、x 歳の者があと何年生存すると期待されるかを考えてみよう。基本的考え方に従い、全ての年齢における死亡確率がわかったとすると、x 歳の者が x 歳以降の各年齢まで生存しその年齢で死亡する確率を求めることができる。一方、死亡年齢から x（歳）をひいたものが x 歳以降の生存年数であることから、これは、x 歳以降の生存年数がどのように分布しているかを表す確率分布を求めたことになっている。したがって、この分布の平均値が平均余命になるというわけである。

ところで、以上のような基本的考え方においては、出生以降の各年齢での死亡確率が捉えられているということから、生命表とはある出生者がこの死亡確率に基づいて加齢する状況を追跡していくコーホート的経過を表しているとも考えられる。一方、これは同時に年間出生数とその死亡秩序が一定である集団において、長期の時間が経過した後に現れる定常的な人口集団の構造を表していて、生命表は一定の死亡秩序下における人口構造の特性を表したものとも考えることができる。

また、生命表は年齢別の死亡率のみに基づいて作成されており、集団の年齢構成いかんに関わらずその集団の死亡の程度を表している。したがって、地域別や年次別といった、年齢構成の異なる集団間の死亡状況を精密に比較する際にも欠くことのできないものとなっている。

厚生労働省では、完全生命表、簡易生命表、都道府県別生命表及び市区町村別生命表の４種類の生命表を作成している。完全生命表は、国勢調査による年齢別人口に基づき作成している。一方、簡易生命表は総務省の人口推計による推計人口を用いて作成している。

2 生 命 関 数

　生命表における、死亡率、生存数、死亡数、定常人口及び平均余命等の生命関数の意味は、次のとおりである。

生存率 $_np_x$ 及び死亡率 $_nq_x$：ちょうど x 歳に達した者が $x+n$ 歳に達するまで生存する確率を x 歳以上 $x+n$ 歳未満における生存率といい、これを $_np_x$ で表し、 $x+n$ 歳に達しないで死亡する確率を、 x 歳以上 $x+n$ 歳未満における死亡率といい、これを $_nq_x$ で表す。特に $_1p_x$ 及び $_1q_x$ を x 歳の生存率及び死亡率といい、これらを p_x 及び q_x で表す。

生 存 数 l_x 　　　　　：生命表上で一定の出生数 l_0 （簡易生命表では100 000人）が、上記の死亡率に従って死亡減少していくと考えた場合、 x 歳に達するまで生きると期待される者の数を x 歳における生存数といい、これを l_x で表す。

死 亡 数 $_nd_x$ 　　　　：x 歳における生存数 l_x のうち $x+n$ 歳に達しないで死亡すると期待される者の数を x 歳以上 $x+n$ 歳未満における死亡数といい、これを $_nd_x$ で表す。特に $_1d_x$ を x 歳における死亡数といい、これを d_x で表す。

定常人口 $_nL_x$ 及び T_x：x 歳における生存数 l_x について、これらの者が x 歳から $x+n$ 歳に達するまでの間に生存すると期待される年数の和を x 歳以上 $x+n$ 歳未満における定常人口といい、これを $_nL_x$ で表す。即ち、常に一定の出生があって、これらの者が上記の死亡率に従って死亡すると仮定すると、一定期間経過後、一定の年齢構造をもつ人口集団が得られるが、その集団の x 歳以上 $x+n$ 歳未満の人口に相当する。特に $_1L_x$ を x 歳における定常人口といい、これを L_x で表す。更に x 歳における生存数 l_x について、これらの者が x 歳以後死亡に至るまでの間に生存すると期待される年数の和を x 歳以上の定常人口といい、これを T_x で表す。即ち、上記の人口集団の x 歳以上の人口に相当する。 $_nL_x$ 及び T_x は

$$_nL_x = \int_x^{x+n} l_t dt \quad 及び \quad T_x = \int_x^{\infty} l_t dt$$

により与えられる。

平 均 余 命 $\overset{\circ}{e}_x$ ： x 歳における生存数 l_x について、これらの者が x 歳以降に生存する年数の平均を x 歳における平均余命といい、これを $\overset{\circ}{e}_x$ で表す。

x 歳の平均余命は次式により与えられる。

$$\overset{\circ}{e}_x = \frac{T_x}{l_x}$$

平 均 寿 命 $\overset{\circ}{e}_0$ ：0 歳における平均余命 $\overset{\circ}{e}_0$ を平均寿命という。

寿命中位数 ：生命表上で、出生者のうち、ちょうど半数が生存し、半数が死亡すると期待される年数を寿命中位数という。これは、次式を満たす α として与えられる。

$$l_\alpha = \frac{l_0}{2}$$

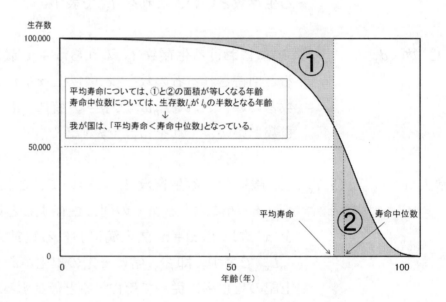

3 死 因 分 析

　付表として死因分析を掲載した。各項目の意味は次のとおりである。

(1) 死因別死亡確率：令和 4 年の死亡状況が一定不変と仮定した場合、ある年齢の者が将来その死因で死亡する確率を表す。

(2) 特定死因を除去した場合の平均余命の延び：特定の死因が克服されたと仮定した場合の平均余命の延びを表す。この延びは、その死因のために失われた余命とみなすことができ、その死因の平均余命への影響力の大きさをみることができる。

II　令和4年簡易生命表の作成方法

　令和4年簡易生命表は、以下に述べる資料と計算方法に基づき、日本における日本人について作成した。

1　作成基礎期間
　作成基礎期間は、令和4年1月1日から令和4年12月31日に至る1年間である。

2　作成に用いた統計資料
(1) 令和4年男女別・年齢別死亡数（人口動態統計）－厚生労働省政策統括官（統計・情報政策、労使関係担当）
(2) 令和4年7・8・9月男女別・年齢別死亡数（人口動態統計）－厚生労働省政策統括官（統計・情報政策、労使関係担当）
(3) 令和4年男女別・月齢別乳児死亡数（人口動態統計）－厚生労働省政策統括官（統計・情報政策、労使関係担当）
(4) 令和2年10月～令和4年9月男女別・出生年月別死亡数（人口動態統計）－厚生労働省政策統括官（統計・情報政策、労使関係担当）
(5) 令和3年男女別・月別出生数（人口動態統計）－厚生労働省政策統括官（統計・情報政策、労使関係担当）
(6) 令和4年男女別・月別出生数（人口動態統計）－厚生労働省政策統括官（統計・情報政策、労使関係担当）
(7) 令和3～4年10月1日現在男女別・年齢別人口（人口推計）－総務省統計局
(8) 令和2年10月1日現在男女別・年齢別人口（国勢調査）－総務省統計局

3　計算方法の概略
　人口と死亡数から種々の近似、補整及び外挿を行って死亡率を年齢別に算定し、これを基に生存数、死亡数、定常人口及び平均余命等の生命関数を計算した。ただし、1歳未満は区分を細かくして計算した。
　死亡率の計算は「6　1歳未満の死亡率の計算」、「7　1歳以上の死亡率の計算」及び「8　高齢部分の死亡率の補整及び外挿」に詳述するが、105歳までを公表数値とした。

4　90歳以上の令和4年10月1日現在男女別・年齢別人口の推計
　「2　作成に用いた統計資料」(7)の人口は、90歳以上が一括して計上されているため、同資料(4)、(7)及び(8)を用いて、(7)と同様の推計方法により、90歳以上の令和4年10月1日現在男女別・年齢別人口を推計した。

5　中央人口の推計

令和4年中央人口（7月1日現在人口）は、令和4年10月1日現在人口と、令和4年7月、8月及び9月の死亡数に基づいて、次により推計した。

令和4年 n 月1日における x 歳の人口を $P_x^{(n)}$ で表し、令和4年 n 月の x 歳の死亡数を $D_x^{(n)}$ で表したとき、$P_x^{(n)}$ は右のレキシス図（Lexis diagram）から、n に関する漸化式

$$P_x^{(n)} = \frac{11}{12}P_x^{(n+1)} + \frac{1}{12}P_{x+1}^{(n+1)} + \frac{23}{24}D_x^{(n)} + \frac{1}{24}D_{x+1}^{(n)}$$

$$(x = 1,2,\cdots, 男\ 106, 女\ 108)$$

を満たすと考えられる。

令和4年10月1日現在人口から上の式により、順に9月、8月及び7月各1日の人口を推計した。

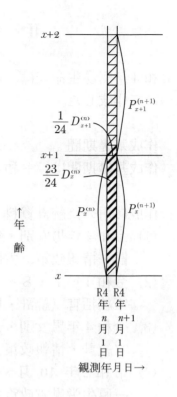

6　1歳未満の死亡率の計算

1歳未満の死亡率は、年齢1週未満、1週以上2週未満、2週以上3週未満、3週以上4週未満、4週以上2か月未満、2か月以上3か月未満、3か月以上6か月未満及び6か月以上1年未満の年齢区分に従って算定した。

すなわち、上記区間の死亡数をそれぞれ、$D\binom{0w}{1w}$、$D\binom{1w}{2w}$、$D\binom{2w}{3w}$、$D\binom{3w}{4w}$、$D\binom{4w}{2m}$、$D\binom{2m}{3m}$、$D\binom{3m}{6m}$ 及び $D\binom{6m}{1y}$ とし、令和4年1月1日以降1年間の出生数を $B\binom{4.1}{4.12}$、令和3年12月4日以降1年間の出生数を $B\binom{3.12.4}{4.12.3}$、令和3年12月中の出生数を $B(3.12)$ などと表したときに、まず、生存率を、

$$_{1w}p_0 = 1 - \frac{D\binom{0w}{1w}}{\frac{1}{2}\left[B\binom{3.12.25}{4.12.24} + B\binom{4.1}{4.12}\right]}$$

$$_{2w}p_0 = {}_{1w}p_0 - \frac{D\binom{1w}{2w}}{\frac{1}{2}\left[B\binom{3.12.18}{4.12.17} + B\binom{3.12.25}{4.12.24}\right]}$$

$$_{3w}p_0 = {}_{2w}p_0 - \frac{D\binom{2w}{3w}}{\frac{1}{2}\left[B\binom{3.12.11}{4.12.10} + B\binom{3.12.18}{4.12.17}\right]}$$

$$_{4w}p_0 = {}_{3w}p_0 - \frac{D\binom{3w}{4w}}{\frac{1}{2}\left[B\binom{3.12.4}{4.12.3} + B\binom{3.12.11}{4.12.10}\right]}$$

$$_{2m}p_0 = {}_{4w}p_0 - \cfrac{D\begin{pmatrix}4w\\2m\end{pmatrix}}{\frac{1}{2}\left[B\begin{pmatrix}3.11\\4.10\end{pmatrix} + B\begin{pmatrix}3.12.4\\4.12.3\end{pmatrix}\right]}$$

$$_{3m}p_0 = {}_{2m}p_0 - \cfrac{D\begin{pmatrix}2m\\3m\end{pmatrix}}{\frac{1}{2}\left[B\begin{pmatrix}3.10\\4.9\end{pmatrix} + B\begin{pmatrix}3.11\\4.10\end{pmatrix}\right]}$$

$$_{6m}p_0 = {}_{3m}p_0 - \cfrac{D\begin{pmatrix}3m\\6m\end{pmatrix}}{\frac{1}{2}\left[B\begin{pmatrix}3.7\\4.6\end{pmatrix} + B\begin{pmatrix}3.10\\4.9\end{pmatrix}\right]}$$

$$p_0 = {}_{6m}p_0 - \cfrac{D\begin{pmatrix}6m\\1y\end{pmatrix}}{\frac{1}{2}\left[B\begin{pmatrix}3.1\\3.12\end{pmatrix} + B\begin{pmatrix}3.7\\4.6\end{pmatrix}\right]}$$

により求めた。ただし、

$$B\begin{pmatrix}3.12.25\\4.12.24\end{pmatrix} = B\begin{pmatrix}4.1\\4.12\end{pmatrix} + \frac{7}{31}\{B(3.12) - B(4.12)\}$$

$$B\begin{pmatrix}3.12.18\\4.12.17\end{pmatrix} = B\begin{pmatrix}4.1\\4.12\end{pmatrix} + \frac{14}{31}\{B(3.12) - B(4.12)\}$$

$$B\begin{pmatrix}3.12.11\\4.12.10\end{pmatrix} = B\begin{pmatrix}4.1\\4.12\end{pmatrix} + \frac{21}{31}\{B(3.12) - B(4.12)\}$$

$$B\begin{pmatrix}3.12.4\\4.12.3\end{pmatrix} = B\begin{pmatrix}4.1\\4.12\end{pmatrix} + \frac{28}{31}\{B(3.12) - B(4.12)\}$$

と推計した。

次に、死亡率を、

$$_{1w}q_0 = 1 - {}_{1w}p_0$$

$$_{1w}q_{1w} = 1 - \frac{_{2w}p_0}{_{1w}p_0}$$

$$_{1w}q_{2w} = 1 - \frac{_{3w}p_0}{_{2w}p_0}$$

$$_{1w}q_{3w} = 1 - \frac{_{4w}p_0}{_{3w}p_0}$$

$$_{2m-4w}q_{4w} = 1 - \frac{_{2m}p_0}{_{4w}p_0}$$

$$_{1m}q_{2m} = 1 - \frac{_{3m}p_0}{_{2m}p_0}$$

$$_{3m}q_{3m} = 1 - \frac{_{6m}p_0}{_{3m}p_0}$$

$$_{1y-6m}q_{6m} = 1 - \frac{p_0}{_{6m}p_0}$$

により求めた。なお、0歳の死亡率は $q_0 = 1 - p_0$ により求めた。

7　1歳以上の死亡率の計算
（1）粗死亡率の計算

　　x 歳の年間死亡数を中央人口で除した値を、x 歳の中央死亡率といい、M_x で表す。5で求めた令和4年における x 歳の中央人口を P_x 、年間死亡数を D_x とすれば、中央死亡率 M_x は、

$$M_x = \frac{D_x}{P_x} \quad (x = 1,2,\cdots,\text{男 }106,\text{女 }108)$$

により求められる。

　　ここで、生命表で中央死亡率に相当するものは、死亡数 d_x を定常人口 L_x で除したもので、

$$\frac{d_x}{L_x} = m_x \fallingdotseq M_x$$

と表されるが、この場合、死亡率は $\frac{d_x}{l_x}$ であり、

$$L_x \fallingdotseq \frac{l_x + l_{x+1}}{2} = l_x - \frac{1}{2}d_x$$

と近似すると、死亡率は変換式

$$q''_x = \frac{M_x}{1 + \frac{1}{2}M_x} \quad (x = 1,2,\cdots,\text{男 }106,\text{女 }108)$$

により求められる。この近似的に求めた死亡率 q''_x を粗死亡率という。

（2）粗死亡率の補整

　　この粗死亡率 q''_x について、グレビル（Greville, 1979）3次9項の式による補整を行い、補整後の死亡率 q'_x を求めた。すなわち、

$$q'_x = -0.040724q''_{x-4} - 0.009873q''_{x-3} + 0.118470q''_{x-2} + 0.266557q''_{x-1}$$
$$+0.331140q''_x + 0.266557q''_{x+1} + 0.118470q''_{x+2} - 0.009873q''_{x+3} - 0.040724q''_{x+4}$$

$$(x = 1,2,\cdots,\text{男 }102,\text{女 }104)$$

ここで q''_x $(x = 0, -1, -2, -3)$ は形式的に次式により外挿した。

$$q''_x = 1.352613q''_{x+1} + 0.114696q''_{x+2} - 0.287231q''_{x+3} - 0.180078q''_{x+4}$$

$$(x = 0, -1, -2, -3)$$

　　男 90 歳、女 94 歳まで（q'_x の標準誤差の２倍が0.001を超えない部分）は、補整後の死亡率 q'_x を、そのまま死亡率の確定値 q_x とした。

8　高齢部分の死亡率の補整及び外挿

　　男 91 歳以上、女 95 歳以上の高齢部分の死亡率については、死力にゴンパーツ・メーカム関数をあてはめることにより、更に補整及び外挿を行い、得られた死亡率を確定値とした。

　　すなわち、高齢部分では死力 μ_t がゴンパーツ・メーカム関数

$$\mu_t = A + Be^{C(t-x_0)}$$

に従うものとして、

$$q_x = 1 - \exp\left(-\int_x^{x+1} \mu_t dt\right)$$
$$= 1 - \exp\left[-\left\{A + \frac{B}{C}(e^C - 1)e^{C(x-x_0)}\right\}\right]$$

から求まる q_x を死亡率の確定値とした。ここで、A 、B 及び C を次のように決定した。

(1)　7において求めた死亡率に対応する死力 μ'_x の計算

　　6及び7で求めた死亡率 q_0 及び q'_x から得られる生存数を l'_x 、死亡数を d'_x とすると（l'_x 及び d'_x の計算方法は9参照）、これに対応する死力 μ'_x は

$$\mu'_x = -\frac{1}{l'_x} \cdot \frac{dl'_t}{dt}\bigg|_{t=x}$$

である。ここで、男 89 歳以上、女 93 歳以上について、生存数曲線 l'_x の

$t = x$ 　における微分係数 $\dfrac{dl'_t}{dt}\bigg|_{t=x}$ を、連続する５点 $(x-2, l'_{x-2})$ 、$(x-1, l'_{x-1})$ 、

(x, l'_x) 、$(x+1, l'_{x+1})$ 及び $(x+2, l'_{x+2})$ を通る４次式

$$g_x(t) = \sum_{i=-2}^{2} l'_{x+i} \left(\prod_{\substack{-2 \leqq j \leqq 2 \\ j \neq i}} \frac{t-(x+j)}{i-j}\right) \quad \text{（Lagrange の補間公式）}$$

を微分することにより求めた。

具体的には、$g_x(t)$ の t に関する微分計算から導かれる関係式

$$\mu'_x = \frac{8(l'_{x-1} - l'_{x+1}) - (l'_{x-2} - l'_{x+2})}{12 l'_x}$$

$$\left(= \frac{1}{l'_x} \cdot \left\{ \frac{d'_{x-1} + d'_x}{2} + \frac{1}{6}\left(\frac{d'_{x-1} + d'_x}{2} - \frac{d'_{x-2} + d'_{x+1}}{2} \right) \right\} \right)$$

により死力 μ'_x を求めた。

(2) A 、 B 及び C の決定

A 、 B 及び C は、死力 μ'_x の安定性をふまえ、

$$\sum_{x=x_0}^{x_1} \frac{1}{w_x}(\mu_x - \mu'_x)^2 \quad （男 x_0 = 89, x_1 = 101 \text{ 及び女} x_0 = 93, x_1 = 103）$$

を最小にするように決定した。ここで w_x は中央死亡率の分散

$$w_x = \frac{M_x(1 - M_x)}{P_x}$$

とした。

係数の値は、次のとおりである。

	男	女
A	-0.0220652565	-0.2246370068
B	0.1611816430	0.3679015957
C	0.1065469594	0.069709311

9 生存数 l_x 及び死亡数 $_n d_x$ の計算

1歳未満の年齢区分では、6で求めた生存率 $_n p_0$ を用いて、生存数 l_x 及び死亡数 $_n d_x$ を求めた。すなわち、$l_0 = 100\,000$ とし、

$$
\begin{array}{ll}
l_{1w} = l_0 \times {}_{1w}p_0 & {}_{1w}d_0 = l_0 - l_{1w} \\
l_{2w} = l_0 \times {}_{2w}p_0 & {}_{1w}d_{1w} = l_{1w} - l_{2w} \\
l_{3w} = l_0 \times {}_{3w}p_0 & {}_{1w}d_{2w} = l_{2w} - l_{3w} \\
l_{4w} = l_0 \times {}_{4w}p_0 & {}_{1w}d_{3w} = l_{3w} - l_{4w} \\
l_{2m} = l_0 \times {}_{2m}p_0 & {}_{2m-4w}d_{4w} = l_{4w} - l_{2m} \\
l_{3m} = l_0 \times {}_{3m}p_0 & {}_{1m}d_{2m} = l_{2m} - l_{3m} \\
l_{6m} = l_0 \times {}_{6m}p_0 & {}_{3m}d_{3m} = l_{3m} - l_{6m} \\
l_1 = l_0 \times p_0 & {}_{1y-6m}d_{6m} = l_{6m} - l_1 \\
& d_0 = l_0 - l_1
\end{array}
$$

とした。また、1歳以上では、7及び8で求めた死亡率 q_x を用いて

$$l_{x+1} = l_x(1 - q_x) \qquad d_x = l_x - l_{x+1}$$

により、生存数 l_x 及び死亡数 d_x を逐次求めた。すなわち、

$$l_2 = l_1(1 - q_1) \qquad d_1 = l_1 - l_2$$
$$l_3 = l_2(1 - q_2) \qquad d_2 = l_2 - l_3$$
$$\vdots \qquad\qquad\qquad \vdots$$
$$l_{126} = l_{125}(1 - q_{125}) \qquad d_{125} = l_{125} - l_{126}$$

とした。

10　定常人口　$_nL_x$　、T_x　及び平均余命　$\overset{\circ}{e}_x$　の計算

定常人口　$_nL_x$　は、定義から

$$_nL_x = \int_x^{x+n} l_t dt$$

により求められる。3歳以上については、生存数曲線　l_t　の年齢区間　$[x, x+1]$　における積分値を、連続する5点　$(x-2, l_{x-2})$　、$(x-1, l_{x-1})$　、(x, l_x)　、$(x+1, l_{x+1})$　及び　$(x+2, l_{x+2})$　を通る4次式

$$h_x(t) = \sum_{i=-2}^{2} l_{x+i} \left(\prod_{\substack{-2 \leqq j \leqq 2 \\ j \neq i}} \frac{t - (x+j)}{i - j} \right) \qquad (\text{Lagrange の補間公式})$$

を積分することにより求めた。

具体的には、$h_x(t)$　の　t　に関する積分計算から導かれる関係式

$$L_x = \frac{11}{720} l_{x-2} - \frac{37}{360} l_{x-1} + \frac{19}{30} l_x + \frac{173}{360} l_{x+1} - \frac{19}{720} l_{x+2}$$

$$\left(= \frac{l_x + l_{x+1}}{2} - \frac{1}{12} \left(\frac{l_{x+2} - l_x}{2} - \frac{l_{x+1} - l_{x-1}}{2} \right) + \frac{11}{360} \left(3l_x - 4 \cdot \frac{l_{x-1} + l_{x+1}}{2} + \frac{l_{x-2} + l_{x+2}}{2} \right) \right)$$

$$(x = 3, 4, \cdots, 124)$$

により定常人口　L_x　を求めた。

3歳未満についても同様に、連続する5点を通る4次式　$h_x(t)$　の、年齢区間　$[x, x+n]$　における積分計算から導かれる関係式により求めた。ただし、$_{1w}L_0$及び　$_{1w}L_{1w}$　の関係式の計算には、被積分関数として　$h_{2w}(t)$　を用いた。また、0歳の定常人口　L_0　は、

$$L_0 = {}_{1w}L_0 + {}_{1w}L_{1w} + {}_{1w}L_{2w} + {}_{1w}L_{3w} + {}_{2m-4w}L_{4w} + {}_{1m}L_{2m} + {}_{3m}L_{3m} + {}_{1y-6m}L_{6m}$$

により求めた。

x　歳以上の定常人口　T_x　は、

$$T_x = \sum_{k=x}^{124} {}_{n(k)}L_k \qquad\qquad (x = 0, 1w, 2w, 3w, 4w, 2m, 3m, 6m, 1, 2, \cdots, 124)$$

により求めた。ただし、

$$n(0) = n(1w) = n(2w) = n(3w) = 1w, \ n(4w) = 2m - 4w,$$

$$n(2m) = 1m, \quad n(3m) = 3m, \ n(6m) = 1y - 6m,$$

$$n(k) = 1 \ (k = 1, 2, \cdots, 124)$$

である。

また、平均余命 $\overset{\circ}{e}_x$ は、

$$\overset{\circ}{e}_x = \frac{T_x}{l_x} \qquad\qquad (x = 0, 1w, 2w, 3w, 4w, 2m, 3m, 6m, 1, 2, \cdots, 124)$$

により求めた。

Ⅲ　特定死因を除去した場合の生命表の作成方法

　作成には「Ⅱ　令和４年簡易生命表の作成方法」の「2　作成に用いた統計資料」
(1)〜(8)のほかに、
　(9) 令和４年男女別・年齢別・死因別死亡数（人口動態統計）－厚生労働省政策
　　　統括官（統計・情報政策、労使関係担当）
　(10)令和４年男女別・月齢別・死因別乳児死亡数（人口動態統計）－厚生労働省
　　　政策統括官（統計・情報政策、労使関係担当）
を用いた。以下では、x 歳以上 $x+n$ 歳未満における第 i 死因による死亡数を
$_nD_x^i$ と表す。
　通常の生命表における第 i 死因による死亡数及び死力などを　$_nd_x^i$ 及び μ_x^i など
と表し、

$$\frac{_nd_x^i}{_nd_x} \fallingdotseq \frac{_nD_x^i}{_nD_x} \cdots\cdots\cdots\cdots\cdots\cdots\cdots\cdots\cdots\cdots\cdots\cdots①$$

と近似する。一方、第 i 死因を除去した場合の生命関数には、$(-i)$ を通常の生命関
数の右肩に付けて表すことにすると、死因は互いに独立と仮定すれば、第 i 死因以
外の死因による死力は両生命表（通常の生命表と第 i 死因を除去した場合の生命表）
で等しくなるから、

$$\mu_x^{(-i)} = \mu_x - \mu_x^i \cdots\cdots\cdots\cdots\cdots\cdots\cdots\cdots\cdots\cdots\cdots\cdots\cdots②$$

となる。

　さて、$\dfrac{\mu_x^i}{\mu_x} = \gamma_x^i$ と置くと、平均値の定理により次式を満たす $s\ (x < s < x+n)$ が
存在する。

$$_nd_x^i = \int_x^{x+n} l_t \cdot \mu_t^i dt = \gamma_s^i \cdot {}_nd_x \cdots\cdots\cdots\cdots\cdots\cdots\cdots③$$

② 式を x から $x+n$ まで積分し、$\displaystyle\int_x^{x+n} \mu_t^{(-i)} dt = -\log {}_np_x^{(-i)}$ に注意すると、

$$\log {}_np_x^{(-i)} = -\int_x^{x+n} \left(1-\gamma_t^i\right)\mu_t dt$$

となり、平均値の定理により

$$-\int_x^{x+n} \left(1-\gamma_t^i\right)\mu_t dt = \left(1-\gamma_u^i\right)\log {}_np_x$$

となる $u\ (x < u < x+n)$ が存在して、

$$\log {}_np_x^{(-i)} = \left(1-\gamma_u^i\right)\log {}_np_x$$

が成立する。

　$\gamma_u^i \fallingdotseq \gamma_s^i$ と考えれば、③ 及び ① から、

$$\log {}_np_x^{(-i)} \fallingdotseq \left(1 - \frac{{}_nD_x^i}{{}_nD_x}\right) \log {}_np_x$$

となり、したがって、

$$_nq_x^{(-i)} \fallingdotseq 1 - \exp\left\{\left(1 - \frac{{}_nD_x^i}{{}_nD_x}\right) \log {}_np_x\right\}$$

となる。

　この死亡率を基にして通常の生命表と同様な方法で第 i 死因を除去した場合の生命表を計算し、第 i 死因を除去した場合の平均余命の延びを $\overset{\circ}{e}_x^{(-i)} - \overset{\circ}{e}_x$ により求めた。

IV　死因別死亡確率の算定方法

　x 歳における第 i 死因の死因別死亡確率 R_x^i は、次により計算した。

$$R_x^i = \frac{{}_\infty d_x^i}{l_x} = \frac{1}{l_x}\sum_{k=x}^{125} {}_nd_k^i = \frac{1}{l_x}\sum_{k=x}^{125} \frac{{}_nD_k^i}{{}_nD_k} {}_nd_k$$

（備考）　III及びIVは Mortality Tables Analyzed by Cause of Death, T.N.E.Greville,1948 によった。

V　死因別寄与年数の算定方法

　前年及び当年の2つの生命表から、平均寿命の前年からの延びを、年齢別・死因別に分解することを考える。
　死亡率の組

$$(q_0, q_1, q_2, \cdots, q_{125})$$

が与えられ、生存数曲線の補間方法を決めれば、生命表は決まり、平均寿命 $\overset{\circ}{e}_0$ も求まるので、平均寿命は死亡率の組の関数とみなせる。これをいま、

$$\overset{\circ}{e}_0 = \overset{\circ}{e}_0(q_0, q_1, q_2, \cdots, q_{125})$$

と書くこととする。前年及び当年の生命関数を区別するため、それぞれ右肩に *old* 及び *new* を付けて表すこととすると、平均寿命の延びは、

$\overset{\circ}{e}_0^{new} - \overset{\circ}{e}_0^{old}$

$$= \overset{\circ}{e}_0(q_0^{new}, q_1^{new}, q_2^{new}, \cdots, q_{125}^{new}) - \overset{\circ}{e}_0(q_0^{old}, q_1^{old}, q_2^{old}, \cdots, q_{125}^{old})$$

$$= \left\{ \overset{\circ}{e}_0(q_0^{new}, q_1^{new}, q_2^{new}, \cdots, q_{124}^{new}, q_{125}^{new}) - \overset{\circ}{e}_0(q_0^{new}, q_1^{new}, q_2^{new}, \cdots, q_{124}^{new}, q_{125}^{old}) \right\}$$

$$+ \left\{ \overset{\circ}{e}_0(q_0^{new}, q_1^{new}, q_2^{new}, \cdots, q_{123}^{new}, q_{124}^{new}, q_{125}^{old}) - \overset{\circ}{e}_0(q_0^{new}, q_1^{new}, q_2^{new}, \cdots, q_{123}^{new}, q_{124}^{old}, q_{125}^{old}) \right\}$$

$$+ \cdots$$

$$+ \left\{ \overset{\circ}{e}_0(q_0^{new}, q_1^{old}, q_2^{old}, \cdots, q_{125}^{old}) - \overset{\circ}{e}_0(q_0^{old}, q_1^{old}, q_2^{old}, \cdots, q_{125}^{old}) \right\}$$

と展開されるので、

$$I_{125} = \overset{\circ}{e}_0(q_0^{new}, q_1^{new}, q_2^{new}, \cdots, q_{124}^{new}, q_{125}^{new}) - \overset{\circ}{e}_0(q_0^{new}, q_1^{new}, q_2^{new}, \cdots, q_{124}^{new}, q_{125}^{old})$$

$$I_{124} = \overset{\circ}{e}_0(q_0^{new}, q_1^{new}, q_2^{new}, \cdots, q_{123}^{new}, q_{124}^{new}, q_{125}^{old}) - \overset{\circ}{e}_0(q_0^{new}, q_1^{new}, q_2^{new}, \cdots, q_{123}^{new}, q_{124}^{old}, q_{125}^{old})$$

$$\vdots$$

$$I_0 = \overset{\circ}{e}_0(q_0^{new}, q_1^{old}, q_2^{old}, \cdots, q_{125}^{old}) - \overset{\circ}{e}_0(q_0^{old}, q_1^{old}, q_2^{old}, \cdots, q_{125}^{old})$$

と置けば、平均寿命の延びは、

$$\overset{\circ}{e}_0^{new} - \overset{\circ}{e}_0^{old} = \sum_{x=0}^{125} I_x$$

と分解できる。ここで、前年の死亡率を適用する年齢区間は、定数倍された前年の生存数曲線で補間され、当年の死亡率を適用する年齢区間は当年の生存数曲線で補間されるものとすると、

$$a_x = \frac{L_x - l_{x+1}}{d_x}$$

で定義される平均生存期間 a_x を用いて、I_x は

$$I_x = \frac{l_x^{new}}{l_0}\left\{\left(\overset{\circ}{e}_{x+1}^{old} + 1 - a_x^{old}\right)q_x^{old} - \left(\overset{\circ}{e}_{x+1}^{old} + 1 - a_x^{new}\right)q_x^{new}\right\}$$

と表現できる。

更に、各死因 i について、近似的に死亡率を

$$q_x^{old(i)} = \frac{D_x^{old(i)}}{D_x^{old}}q_x^{old}、\quad q_x^{new(i)} = \frac{D_x^{new(i)}}{D_x^{new}}q_x^{new}$$

と分解し、

$$I_x^i = \frac{l_x^{new}}{l_0}\left\{\left(\overset{\circ}{e}_{x+1}^{old} + 1 - a_x^{old}\right)q_x^{old(i)} - \left(\overset{\circ}{e}_{x+1}^{old} + 1 - a_x^{new}\right)q_x^{new(i)}\right\}$$

と置くと、

$$I_x = \sum_i I_x^i$$

が成り立つ。

以上のことから、平均寿命の延びは年齢 x ×死因 i の行列に展開可能であって、

$$\overset{\circ}{e}_0^{new} - \overset{\circ}{e}_0^{old} = \sum_{x=0}^{125}\sum_i I_x^i$$

が成り立つため、第 i 死因の寄与年数 I^i（年）を

$$I^i = \sum_{x=0}^{125} I_x^i$$

により求めた。

男

年齢	死亡率	生存数	死亡数	定常人口		平均余命
x	$_nq_x$	l_x	$_nd_x$	$_nL_x$	T_x	$\overset{\circ}{e}_x$
0 （週）	0.00064	100 000	64	1 917	8 105 352	81.05
1	0.00007	99 936	7	1 916	8 103 435	81.09
2	0.00005	99 928	5	1 916	8 101 518	81.07
3	0.00006	99 923	6	1 916	8 099 602	81.06
4 （月）	0.00022	99 917	22	8 987	8 097 686	81.04
2 （月）	0.00016	99 895	16	8 324	8 088 699	80.97
3	0.00030	99 879	30	24 966	8 080 375	80.90
6	0.00033	99 849	33	49 916	8 055 409	80.68
0 （年）	0.00184	100 000	184	99 859	8 105 352	81.05
1	0.00024	99 816	24	99 803	8 005 493	80.20
2	0.00017	99 792	17	99 784	7 905 690	79.22
3	0.00012	99 775	12	99 769	7 805 906	78.23
4	0.00009	99 763	9	99 759	7 706 137	77.24
5	0.00008	99 755	8	99 751	7 606 378	76.25
6	0.00007	99 747	7	99 744	7 506 627	75.26
7	0.00007	99 740	7	99 737	7 406 884	74.26
8	0.00006	99 734	6	99 731	7 307 147	73.27
9	0.00006	99 728	6	99 725	7 207 416	72.27
10	0.00006	99 722	6	99 719	7 107 692	71.28
11	0.00007	99 716	7	99 712	7 007 973	70.28
12	0.00008	99 709	8	99 705	6 908 260	69.28
13	0.00010	99 701	10	99 696	6 808 555	68.29
14	0.00013	99 691	13	99 685	6 708 859	67.30
15	0.00017	99 678	17	99 670	6 609 175	66.31
16	0.00022	99 660	22	99 650	6 509 505	65.32
17	0.00027	99 638	27	99 625	6 409 855	64.33
18	0.00032	99 611	32	99 596	6 310 230	63.35
19	0.00037	99 579	37	99 561	6 210 635	62.37
20	0.00043	99 542	43	99 521	6 111 073	61.39
21	0.00048	99 499	48	99 476	6 011 552	60.42
22	0.00050	99 452	49	99 427	5 912 077	59.45
23	0.00049	99 402	49	99 378	5 812 650	58.48
24	0.00047	99 354	47	99 330	5 713 272	57.50
25	0.00046	99 307	45	99 284	5 613 942	56.53
26	0.00046	99 261	45	99 239	5 514 658	55.56
27	0.00047	99 216	47	99 193	5 415 419	54.58
28	0.00048	99 169	48	99 145	5 316 226	53.61
29	0.00050	99 121	49	99 097	5 217 081	52.63
30	0.00052	99 072	51	99 047	5 117 984	51.66
31	0.00054	99 021	54	98 994	5 018 938	50.69
32	0.00057	98 967	56	98 939	4 919 943	49.71
33	0.00060	98 911	60	98 881	4 821 004	48.74
34	0.00064	98 851	63	98 820	4 722 123	47.77
35	0.00068	98 788	67	98 755	4 623 303	46.80
36	0.00072	98 721	71	98 686	4 524 549	45.83
37	0.00077	98 650	76	98 613	4 425 862	44.86
38	0.00083	98 574	82	98 534	4 327 250	43.90
39	0.00090	98 492	88	98 449	4 228 716	42.93
40	0.00097	98 404	96	98 357	4 130 268	41.97
41	0.00105	98 308	104	98 257	4 031 911	41.01
42	0.00114	98 205	112	98 149	3 933 654	40.06
43	0.00122	98 093	120	98 033	3 835 505	39.10
44	0.00130	97 973	128	97 910	3 737 471	38.15
45	0.00142	97 845	139	97 777	3 639 561	37.20
46	0.00159	97 706	156	97 630	3 541 784	36.25
47	0.00180	97 551	176	97 465	3 444 154	35.31
48	0.00201	97 375	196	97 279	3 346 690	34.37
49	0.00221	97 180	215	97 074	3 249 410	33.44

注：死亡率 $(_nq_x)$ 等の生命関数の定義については、「I　簡易生命表の概要　2　生命関数」を参照。

簡 易 生 命 表

FOR JAPAN 2022

MALE

年齢	死亡率	生存数	死亡数	定常人口		平均余命
x	$_nq_x$	l_x	$_nd_x$	$_nL_x$	T_x	$\overset{\circ}{e}_x$
50	0.00242	96 965	235	96 849	3 152 337	32. 51
51	0.00269	96 730	261	96 602	3 055 487	31. 59
52	0.00300	96 469	290	96 327	2 958 886	30. 67
53	0.00333	96 180	320	96 022	2 862 559	29. 76
54	0.00368	95 859	353	95 686	2 766 537	28. 86
55	0.00404	95 507	386	95 316	2 670 851	27. 97
56	0.00442	95 120	421	94 913	2 575 535	27. 08
57	0.00482	94 700	457	94 475	2 480 622	26. 19
58	0.00527	94 243	497	93 998	2 386 148	25. 32
59	0.00581	93 746	545	93 478	2 292 149	24. 45
60	0.00645	93 202	601	92 906	2 198 671	23. 59
61	0.00715	92 601	662	92 275	2 105 765	22. 74
62	0.00787	91 939	723	91 582	2 013 490	21. 90
63	0.00862	91 216	786	90 828	1 921 907	21. 07
64	0.00947	90 429	856	90 007	1 831 079	20. 25
65	0.01041	89 573	932	89 114	1 741 072	19. 44
66	0.01147	88 641	1 017	88 140	1 651 959	18. 64
67	0.01268	87 624	1 111	87 077	1 563 818	17. 85
68	0.01405	86 514	1 215	85 915	1 476 741	17. 07
69	0.01565	85 298	1 335	84 641	1 390 826	16. 31
70	0.01742	83 963	1 463	83 243	1 306 184	15. 56
71	0.01936	82 501	1 597	81 714	1 222 941	14. 82
72	0.02146	80 903	1 736	80 047	1 141 228	14. 11
73	0.02361	79 167	1 869	78 244	1 061 181	13. 40
74	0.02587	77 298	2 000	76 310	982 937	12. 72
75	0.02843	75 298	2 141	74 240	906 628	12. 04
76	0.03137	73 158	2 295	72 024	832 387	11. 38
77	0.03474	70 863	2 462	69 646	760 364	10. 73
78	0.03863	68 401	2 643	67 095	690 718	10. 10
79	0.04306	65 758	2 832	64 358	623 623	9. 48
80	0.04777	62 926	3 006	61 438	559 265	8. 89
81	0.05320	59 921	3 188	58 342	497 827	8. 31
82	0.05968	56 733	3 386	55 057	439 484	7. 75
83	0.06724	53 347	3 587	51 570	384 428	7. 21
84	0.07592	49 760	3 778	47 886	332 858	6. 69
85	0.08584	45 982	3 947	44 021	284 972	6. 20
86	0.09705	42 035	4 079	40 004	240 951	5. 73
87	0.10946	37 955	4 155	35 882	200 947	5. 29
88	0.12323	33 801	4 165	31 716	165 065	4. 88
89	0.13812	29 636	4 093	27 579	133 349	4. 50
90	0.15399	25 542	3 933	23 559	105 770	4. 14
91	0.17173	21 609	3 711	19 732	82 210	3. 80
92	0.19110	17 898	3 420	16 161	62 478	3. 49
93	0.21211	14 478	3 071	12 911	46 317	3. 20
94	0.23485	11 407	2 679	10 034	33 406	2. 93
95	0.25937	8 728	2 264	7 561	23 372	2. 68
96	0.28573	6 464	1 847	5 506	15 811	2. 45
97	0.31396	4 617	1 450	3 861	10 305	2. 23
98	0.34404	3 168	1 090	2 595	6 444	2. 03
99	0.37596	2 078	781	1 664	3 849	1. 85
100	0.40965	1 297	531	1 013	2 186	1. 69
101	0.44500	765	341	582	1 173	1. 53
102	0.48183	425	205	313	591	1. 39
103	0.51995	220	114	157	278	1. 26
104	0.55906	106	59	73	121	1. 15
105～	1.00000	47	47	48	48	1. 04

女

年齢	死亡率	生存数	死亡数	定常人口		平均余命
x	$_nq_x$	l_x	$_nd_x$	$_nL_x$	T_x	$\overset{\circ}{e}_x$
0 （週）	0.00056	100 000	56	1 917	8 708 527	87.09
1	0.00008	99 944	8	1 917	8 706 610	87.12
2	0.00004	99 936	4	1 917	8 704 694	87.10
3	0.00007	99 932	7	1 916	8 702 777	87.09
4	0.00016	99 925	16	8 988	8 700 861	87.07
2 （月）	0.00013	99 909	13	8 325	8 691 873	87.00
3	0.00028	99 895	28	24 970	8 683 548	86.93
6	0.00030	99 867	30	49 925	8 658 578	86.70
0 （年）	0.00163	100 000	163	99 875	8 708 527	87.09
1	0.00024	99 837	23	99 824	8 608 653	86.23
2	0.00016	99 813	16	99 806	8 508 829	85.25
3	0.00011	99 797	11	99 792	8 409 023	84.26
4	0.00008	99 787	8	99 783	8 309 231	83.27
5	0.00006	99 779	6	99 776	8 209 449	82.28
6	0.00006	99 773	6	99 770	8 109 673	81.28
7	0.00006	99 767	6	99 764	8 009 903	80.29
8	0.00006	99 761	6	99 758	7 910 139	79.29
9	0.00006	99 755	6	99 752	7 810 381	78.30
10	0.00006	99 750	5	99 747	7 710 629	77.30
11	0.00006	99 744	6	99 741	7 610 882	76.30
12	0.00007	99 738	7	99 735	7 511 141	75.31
13	0.00008	99 732	8	99 728	7 411 405	74.31
14	0.00011	99 723	11	99 718	7 311 678	73.32
15	0.00014	99 712	14	99 706	7 211 960	72.33
16	0.00016	99 699	16	99 691	7 112 254	71.34
17	0.00018	99 682	18	99 673	7 012 563	70.35
18	0.00020	99 664	20	99 654	6 912 890	69.36
19	0.00023	99 644	23	99 633	6 813 236	68.38
20	0.00025	99 621	25	99 609	6 713 603	67.39
21	0.00026	99 596	26	99 583	6 613 994	66.41
22	0.00027	99 570	27	99 557	6 514 411	65.43
23	0.00027	99 543	27	99 530	6 414 854	64.44
24	0.00026	99 517	26	99 503	6 315 324	63.46
25	0.00026	99 490	26	99 477	6 215 821	62.48
26	0.00027	99 464	26	99 451	6 116 344	61.49
27	0.00027	99 437	27	99 424	6 016 893	60.51
28	0.00028	99 410	28	99 397	5 917 469	59.53
29	0.00030	99 382	30	99 368	5 818 073	58.54
30	0.00032	99 353	32	99 337	5 718 705	57.56
31	0.00033	99 321	33	99 305	5 619 368	56.58
32	0.00034	99 288	33	99 272	5 520 064	55.60
33	0.00035	99 255	35	99 238	5 420 792	54.61
34	0.00038	99 220	37	99 202	5 321 554	53.63
35	0.00041	99 183	41	99 163	5 222 352	52.65
36	0.00045	99 142	45	99 120	5 123 189	51.68
37	0.00048	99 098	48	99 074	5 024 068	50.70
38	0.00051	99 050	51	99 025	4 924 994	49.72
39	0.00055	98 999	55	98 972	4 825 969	48.75
40	0.00060	98 945	59	98 916	4 726 997	47.77
41	0.00065	98 886	64	98 854	4 628 081	46.80
42	0.00070	98 822	70	98 787	4 529 227	45.83
43	0.00076	98 752	75	98 715	4 430 440	44.86
44	0.00082	98 677	81	98 636	4 331 725	43.90
45	0.00089	98 595	88	98 552	4 233 089	42.93
46	0.00098	98 507	97	98 460	4 134 537	41.97
47	0.00110	98 410	108	98 357	4 036 077	41.01
48	0.00123	98 302	121	98 243	3 937 720	40.06
49	0.00136	98 182	133	98 116	3 839 477	39.11

注：死亡率（$_nq_x$）等の生命関数の定義については、「Ⅰ　簡易生命表の概要　2　生命関数」を参照。

年齢	死亡率	生存数	死亡数	定常人口		平均余命
x	$_nq_x$	l_x	$_nd_x$	$_nL_x$	T_x	$\overset{\circ}{e}_x$
50	0.00146	98 049	143	97 978	3 741 361	38.16
51	0.00157	97 905	153	97 829	3 643 383	37.21
52	0.00168	97 752	164	97 671	3 545 554	36.27
53	0.00182	97 588	177	97 500	3 447 883	35.33
54	0.00197	97 410	192	97 315	3 350 383	34.39
55	0.00213	97 218	207	97 116	3 253 068	33.46
56	0.00227	97 011	221	96 902	3 155 953	32.53
57	0.00242	96 790	234	96 674	3 059 051	31.60
58	0.00257	96 556	248	96 433	2 962 377	30.68
59	0.00274	96 308	263	96 177	2 865 943	29.76
60	0.00294	96 044	282	95 905	2 769 766	28.84
61	0.00320	95 762	306	95 612	2 673 861	27.92
62	0.00351	95 456	335	95 291	2 578 249	27.01
63	0.00384	95 121	365	94 941	2 482 958	26.10
64	0.00416	94 756	394	94 561	2 388 017	25.20
65	0.00446	94 362	421	94 154	2 293 456	24.30
66	0.00480	93 941	451	93 718	2 199 302	23.41
67	0.00524	93 490	490	93 248	2 105 584	22.52
68	0.00577	92 999	537	92 735	2 012 336	21.64
69	0.00636	92 463	588	92 173	1 919 601	20.76
70	0.00701	91 874	644	91 557	1 827 428	19.89
71	0.00777	91 230	709	90 881	1 735 871	19.03
72	0.00871	90 521	788	90 134	1 644 989	18.17
73	0.00977	89 733	876	89 302	1 554 855	17.33
74	0.01091	88 857	969	88 380	1 465 553	16.49
75	0.01219	87 887	1 071	87 361	1 377 173	15.67
76	0.01363	86 816	1 184	86 234	1 289 812	14.86
77	0.01536	85 633	1 315	84 987	1 203 578	14.06
78	0.01747	84 317	1 473	83 595	1 118 591	13.27
79	0.02001	82 844	1 658	82 032	1 034 996	12.49
80	0.02292	81 186	1 861	80 274	952 964	11.74
81	0.02635	79 325	2 090	78 301	872 691	11.00
82	0.03041	77 235	2 348	76 084	794 390	10.29
83	0.03515	74 887	2 632	73 595	718 306	9.59
84	0.04061	72 255	2 934	70 813	644 711	8.92
85	0.04685	69 320	3 247	67 723	573 898	8.28
86	0.05400	66 073	3 568	64 316	506 175	7.66
87	0.06237	62 505	3 899	60 584	441 859	7.07
88	0.07225	58 606	4 234	56 517	381 275	6.51
89	0.08364	54 372	4 547	52 122	324 758	5.97
90	0.09644	49 824	4 805	47 440	272 636	5.47
91	0.11027	45 020	4 964	42 547	225 196	5.00
92	0.12588	40 055	5 042	37 538	182 649	4.56
93	0.14442	35 013	5 057	32 483	145 111	4.14
94	0.16640	29 956	4 985	27 454	112 629	3.76
95	0.19216	24 972	4 799	22 549	85 175	3.41
96	0.21731	20 173	4 384	17 940	62 626	3.10
97	0.24340	15 789	3 843	13 819	44 687	2.83
98	0.27042	11 946	3 230	10 278	30 868	2.58
99	0.29831	8 716	2 600	7 364	20 590	2.36
100	0.32703	6 116	2 000	5 068	13 226	2.16
101	0.35652	4 116	1 467	3 341	8 158	1.98
102	0.38671	2 648	1 024	2 103	4 817	1.82
103	0.41750	1 624	678	1 260	2 714	1.67
104	0.44881	946	425	716	1 454	1.54
105～	1.00000	521	521	738	738	1.41

生 存 数

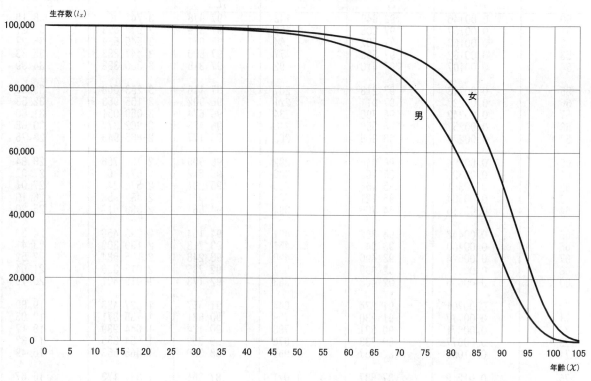

死 亡 数

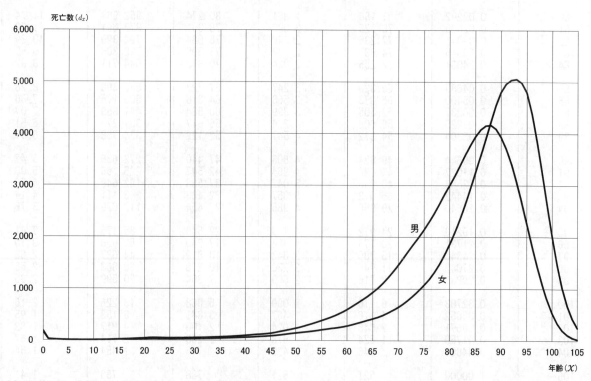

死 亡 率

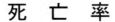

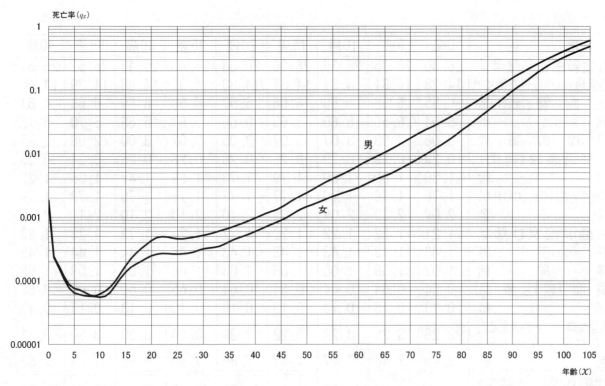

平 均 余 命

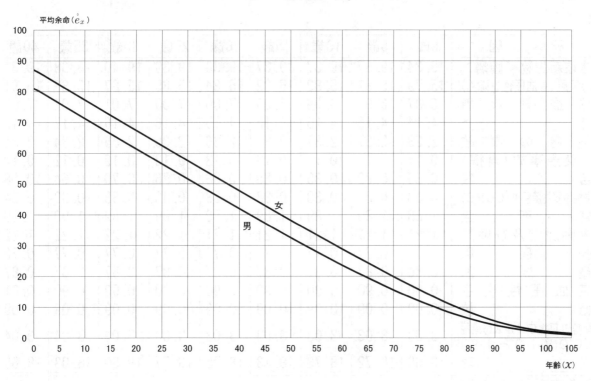

男

死　　因	0歳	5歳	10歳	15歳	20歳	25歳	30歳	35歳	40歳
悪性新生物＜腫瘍＞	26.30	26.35	26.36	26.36	26.38	26.43	26.48	26.52	26.57
心疾患（高血圧性を除く）	14.28	14.31	14.31	14.31	14.33	14.35	14.38	14.39	14.40
脳　血　管　疾　患	6.55	6.56	6.56	6.56	6.57	6.58	6.59	6.60	6.61
肺　　　　　　炎	5.64	5.65	5.65	5.65	5.66	5.67	5.68	5.70	5.72
不　慮　の　事　故	3.08	3.08	3.07	3.07	3.05	3.02	3.00	2.98	2.97
交　通　事　故（再掲）	0.29	0.29	0.29	0.29	0.28	0.26	0.25	0.24	0.23
自　　　　　　殺	1.80	1.80	1.80	1.79	1.73	1.59	1.47	1.35	1.22
慢性閉塞性肺疾患（COPD）	1.76	1.76	1.76	1.77	1.77	1.77	1.78	1.78	1.79
腎　　不　　全	2.09	2.09	2.09	2.09	2.10	2.10	2.10	2.11	2.12
大動脈瘤及び解離	1.21	1.22	1.22	1.22	1.22	1.22	1.22	1.23	1.23
肝　　疾　　患	1.43	1.43	1.43	1.43	1.43	1.44	1.44	1.44	1.43
糖　　尿　　病	1.07	1.08	1.08	1.08	1.08	1.08	1.08	1.08	1.08
高　血　圧　性　疾　患	0.64	0.64	0.64	0.64	0.64	0.65	0.65	0.65	0.65
結　　　　核	0.13	0.13	0.13	0.13	0.13	0.13	0.13	0.13	0.13
新型コロナウィルス感染症（COVID-19）	3.28	3.28	3.28	3.28	3.29	3.29	3.30	3.30	3.31
老　　　　衰	7.45	7.46	7.47	7.47	7.48	7.50	7.52	7.54	7.57
悪性新生物＜腫瘍＞、心疾患（高血圧性を除く）及び脳血管疾患（再掲）	47.12	47.22	47.23	47.23	47.28	47.37	47.44	47.51	47.58

女

死　　因	0歳	5歳	10歳	15歳	20歳	25歳	30歳	35歳	40歳
悪性新生物＜腫瘍＞	19.34	19.37	19.37	19.37	19.38	19.39	19.40	19.38	19.34
心疾患（高血圧性を除く）	15.79	15.82	15.82	15.82	15.84	15.85	15.87	15.89	15.91
脳　血　管　疾　患	6.97	6.99	6.99	6.99	7.00	7.00	7.01	7.02	7.02
肺　　　　　　炎	4.14	4.15	4.15	4.15	4.15	4.16	4.16	4.17	4.18
不　慮　の　事　故	2.38	2.37	2.37	2.37	2.36	2.35	2.35	2.34	2.34
交　通　事　故（再掲）	0.14	0.14	0.13	0.13	0.13	0.13	0.12	0.12	0.12
自　　　　　　殺	0.89	0.89	0.89	0.88	0.83	0.76	0.70	0.64	0.58
慢性閉塞性肺疾患（COPD）	0.33	0.33	0.33	0.33	0.33	0.33	0.33	0.33	0.34
腎　　不　　全	1.88	1.89	1.89	1.89	1.89	1.89	1.89	1.90	1.90
大動脈瘤及び解離	1.21	1.21	1.21	1.21	1.21	1.22	1.22	1.22	1.22
肝　　疾　　患	0.77	0.77	0.77	0.77	0.77	0.77	0.77	0.77	0.76
糖　　尿　　病	0.86	0.87	0.87	0.87	0.87	0.87	0.87	0.87	0.87
高　血　圧　性　疾　患	0.90	0.90	0.90	0.90	0.90	0.90	0.90	0.90	0.91
結　　　　核	0.09	0.09	0.09	0.09	0.09	0.09	0.09	0.09	0.09
新型コロナウィルス感染症（COVID-19）	3.03	3.03	3.03	3.03	3.03	3.03	3.04	3.04	3.04
老　　　　衰	18.68	18.72	18.72	18.73	18.75	18.77	18.80	18.83	18.88
悪性新生物＜腫瘍＞、心疾患（高血圧性を除く）及び脳血管疾患（再掲）	42.10	42.18	42.18	42.18	42.21	42.25	42.27	42.29	42.28

注）死因別死亡確率は、生命表の上で、ある年齢の者が将来どの死因で死亡するかを計算し、確率の形で表したものである。

亡　確　率　（令和4年）

（単位：%）

45歳	50歳	55歳	60歳	65歳	70歳	75歳	80歳	85歳	90歳	95歳	100歳	105歳
26.63	26.68	26.70	26.59	26.16	25.21	23.49	20.99	18.03	14.43	10.66	6.71	5.35
14.41	14.40	14.37	14.34	14.31	14.35	14.50	14.84	15.33	15.94	16.31	14.68	10.99
6.59	6.57	6.53	6.51	6.48	6.47	6.46	6.37	6.18	5.67	4.92	4.45	4.79
5.75	5.79	5.86	5.96	6.13	6.38	6.73	7.17	7.63	8.09	8.06	7.20	5.92
2.95	2.93	2.91	2.90	2.88	2.88	2.89	2.90	2.87	2.75	2.38	2.05	1.97
0.22	0.21	0.19	0.18	0.16	0.15	0.13	0.11	0.08	0.05	0.03	0.00	0.00
1.08	0.94	0.79	0.65	0.53	0.45	0.38	0.31	0.23	0.17	0.14	0.11	0.00
1.80	1.81	1.84	1.88	1.93	2.00	2.06	2.06	1.99	1.83	1.53	1.05	0.85
2.13	2.14	2.16	2.19	2.24	2.29	2.38	2.49	2.61	2.67	2.46	2.28	1.41
1.22	1.21	1.20	1.17	1.14	1.12	1.08	1.04	0.98	0.85	0.65	0.28	0.00
1.40	1.34	1.26	1.14	1.00	0.85	0.72	0.62	0.48	0.35	0.25	0.21	0.28
1.08	1.07	1.06	1.05	1.02	0.98	0.94	0.89	0.80	0.66	0.44	0.13	0.00
0.65	0.65	0.65	0.65	0.64	0.63	0.63	0.65	0.69	0.76	0.92	1.13	2.82
0.13	0.14	0.14	0.14	0.14	0.15	0.16	0.17	0.19	0.20	0.22	0.14	0.28
3.33	3.35	3.38	3.43	3.50	3.61	3.76	3.95	4.19	4.45	4.70	5.44	4.51
7.61	7.68	7.80	7.99	8.31	8.84	9.73	11.23	13.63	17.91	24.87	36.68	47.03
47.63	47.65	47.61	47.43	46.95	46.03	44.45	42.20	39.54	36.04	31.89	25.84	21.13

45歳	50歳	55歳	60歳	65歳	70歳	75歳	80歳	85歳	90歳	95歳	100歳	105歳
19.25	19.09	18.80	18.36	17.72	16.80	15.50	13.83	11.66	9.02	6.28	3.85	2.37
15.95	16.00	16.08	16.18	16.32	16.52	16.76	17.06	17.39	17.61	17.12	14.78	13.03
7.03	7.02	7.02	7.03	7.05	7.08	7.11	7.10	7.01	6.70	6.10	5.03	3.78
4.19	4.21	4.24	4.28	4.34	4.42	4.52	4.65	4.78	4.86	4.76	4.19	3.99
2.33	2.33	2.33	2.33	2.33	2.32	2.30	2.23	2.09	1.92	1.74	1.54	1.56
0.12	0.11	0.11	0.11	0.10	0.10	0.09	0.07	0.05	0.03	0.01	0.01	0.00
0.53	0.47	0.40	0.34	0.28	0.24	0.18	0.13	0.09	0.05	0.03	0.01	0.00
0.34	0.34	0.34	0.34	0.35	0.35	0.34	0.33	0.31	0.27	0.23	0.18	0.15
1.90	1.91	1.93	1.94	1.96	1.98	2.00	2.03	2.01	1.93	1.64	1.06	0.84
1.22	1.23	1.23	1.23	1.23	1.21	1.17	1.11	1.01	0.83	0.59	0.32	0.21
0.75	0.74	0.72	0.69	0.65	0.62	0.57	0.51	0.41	0.28	0.17	0.11	0.06
0.87	0.87	0.87	0.87	0.87	0.87	0.86	0.83	0.77	0.66	0.53	0.35	0.24
0.91	0.91	0.92	0.93	0.94	0.95	0.97	1.00	1.05	1.12	1.24	1.35	1.62
0.09	0.09	0.09	0.09	0.09	0.09	0.10	0.10	0.10	0.09	0.08	0.05	0.03
3.05	3.06	3.08	3.11	3.14	3.19	3.26	3.36	3.50	3.67	3.89	4.28	4.65
18.94	19.05	19.21	19.45	19.79	20.32	21.18	22.66	25.21	29.51	35.94	46.64	53.63
42.23	42.11	41.90	41.57	41.08	40.40	39.37	38.00	36.06	33.33	29.49	23.66	19.18

男

死　　因	0歳	5歳	10歳	15歳	20歳	25歳	30歳	35歳	40歳
悪性新生物＜腫瘍＞	3.19	3.19	3.19	3.18	3.18	3.18	3.18	3.17	3.16
心疾患(高血圧性を除く)	1.41	1.40	1.40	1.40	1.40	1.40	1.40	1.39	1.37
脳　血　管　疾　患	0.66	0.66	0.66	0.66	0.66	0.66	0.66	0.66	0.65
肺　　　　　　　炎	0.38	0.38	0.38	0.38	0.38	0.38	0.38	0.38	0.38
不　慮　の　事　故	0.38	0.37	0.37	0.36	0.35	0.33	0.31	0.30	0.29
交　通　事　故(再掲)	0.08	0.08	0.07	0.07	0.06	0.05	0.05	0.04	0.04
自　　　　　　　殺	0.60	0.60	0.60	0.59	0.55	0.46	0.40	0.34	0.28
慢性閉塞性肺疾患(COPD)	0.13	0.13	0.13	0.13	0.13	0.13	0.13	0.13	0.13
腎　　不　　全	0.15	0.15	0.15	0.15	0.15	0.15	0.15	0.15	0.15
大動脈瘤及び解離	0.13	0.14	0.14	0.14	0.14	0.14	0.14	0.14	0.13
肝　　疾　　患	0.25	0.25	0.25	0.25	0.25	0.25	0.25	0.24	0.24
糖　　尿　　病	0.12	0.12	0.12	0.12	0.12	0.12	0.12	0.12	0.12
高　血　圧　性　疾　患	0.06	0.06	0.06	0.06	0.06	0.06	0.06	0.06	0.06
結　　　　　　　核	0.01	0.01	0.01	0.01	0.01	0.01	0.01	0.01	0.01
新型コロナウィルス感染症(COVID−19)	0.24	0.24	0.24	0.24	0.24	0.24	0.24	0.24	0.24
悪性新生物＜腫瘍＞、心疾患(高血圧性を除く)及び脳血管疾患	6.11	6.12	6.11	6.10	6.10	6.10	6.09	6.07	6.04

女

死　　因	0歳	5歳	10歳	15歳	20歳	25歳	30歳	35歳	40歳
悪性新生物＜腫瘍＞	2.74	2.73	2.73	2.72	2.72	2.71	2.70	2.68	2.64
心疾患(高血圧性を除く)	1.19	1.19	1.19	1.19	1.19	1.18	1.18	1.18	1.18
脳　血　管　疾　患	0.58	0.58	0.58	0.58	0.58	0.58	0.58	0.58	0.58
肺　　　　　　　炎	0.26	0.26	0.26	0.26	0.26	0.26	0.26	0.26	0.26
不　慮　の　事　故	0.25	0.24	0.24	0.23	0.23	0.22	0.22	0.21	0.21
交　通　事　故(再掲)	0.03	0.03	0.03	0.03	0.03	0.02	0.02	0.02	0.02
自　　　　　　　殺	0.34	0.34	0.34	0.33	0.29	0.25	0.21	0.18	0.15
慢性閉塞性肺疾患(COPD)	0.03	0.03	0.03	0.03	0.03	0.03	0.03	0.03	0.03
腎　　不　　全	0.13	0.13	0.13	0.13	0.13	0.13	0.13	0.13	0.13
大動脈瘤及び解離	0.11	0.11	0.11	0.11	0.11	0.11	0.11	0.11	0.11
肝　　疾　　患	0.12	0.12	0.12	0.12	0.12	0.12	0.11	0.11	0.11
糖　　尿　　病	0.08	0.08	0.08	0.08	0.08	0.08	0.08	0.08	0.08
高　血　圧　性　疾　患	0.05	0.05	0.05	0.05	0.05	0.05	0.05	0.05	0.05
結　　　　　　　核	0.01	0.01	0.01	0.01	0.01	0.01	0.01	0.01	0.01
新型コロナウィルス感染症(COVID−19)	0.20	0.19	0.19	0.19	0.19	0.19	0.19	0.19	0.19
悪性新生物＜腫瘍＞、心疾患(高血圧性を除く)及び脳血管疾患	5.07	5.07	5.06	5.05	5.05	5.04	5.03	5.00	4.95

の平均余命の延び　　　（令和4年）

（単位：年）

45歳	50歳	55歳	60歳	65歳	70歳	75歳	80歳	85歳	90歳	95歳	100歳	105歳
3.13	3.09	3.01	2.86	2.62	2.26	1.80	1.30	0.86	0.50	0.26	0.10	0.05
1.35	1.31	1.25	1.18	1.09	0.99	0.89	0.78	0.67	0.54	0.40	0.24	0.12
0.63	0.61	0.58	0.54	0.50	0.46	0.40	0.33	0.26	0.18	0.11	0.07	0.05
0.38	0.38	0.38	0.38	0.38	0.38	0.37	0.35	0.31	0.26	0.19	0.11	0.06
0.28	0.26	0.25	0.23	0.21	0.19	0.17	0.15	0.12	0.09	0.05	0.03	0.02
0.03	0.03	0.02	0.02	0.02	0.01	0.01	0.01	0.00	0.00	0.00	0.00	0.00
0.22	0.17	0.12	0.08	0.06	0.04	0.03	0.02	0.01	0.01	0.00	0.00	0.00
0.13	0.13	0.13	0.13	0.13	0.13	0.12	0.11	0.08	0.06	0.03	0.02	0.01
0.15	0.15	0.15	0.15	0.15	0.14	0.13	0.12	0.10	0.08	0.05	0.03	0.01
0.13	0.12	0.12	0.11	0.09	0.08	0.07	0.05	0.04	0.03	0.01	0.00	0.00
0.22	0.20	0.17	0.14	0.10	0.07	0.05	0.04	0.02	0.01	0.01	0.00	0.00
0.12	0.11	0.11	0.10	0.09	0.07	0.06	0.05	0.03	0.02	0.01	0.00	0.00
0.06	0.06	0.05	0.05	0.05	0.04	0.03	0.03	0.03	0.02	0.02	0.02	0.03
0.01	0.01	0.01	0.01	0.01	0.01	0.01	0.01	0.01	0.01	0.00	0.00	0.00
0.24	0.23	0.23	0.23	0.22	0.22	0.21	0.19	0.17	0.14	0.10	0.08	0.05
5.97	5.86	5.67	5.39	4.97	4.41	3.70	2.93	2.18	1.48	0.91	0.48	0.25

45歳	50歳	55歳	60歳	65歳	70歳	75歳	80歳	85歳	90歳	95歳	100歳	105歳
2.58	2.47	2.32	2.13	1.89	1.61	1.29	0.96	0.64	0.37	0.18	0.07	0.03
1.17	1.16	1.15	1.13	1.11	1.09	1.04	0.97	0.86	0.71	0.51	0.31	0.19
0.57	0.55	0.53	0.52	0.50	0.48	0.45	0.40	0.33	0.25	0.17	0.10	0.05
0.26	0.26	0.26	0.26	0.26	0.26	0.25	0.24	0.22	0.18	0.13	0.08	0.05
0.20	0.20	0.19	0.18	0.18	0.17	0.15	0.13	0.10	0.07	0.05	0.03	0.02
0.02	0.02	0.01	0.01	0.01	0.01	0.01	0.01	0.00	0.00	0.00	0.00	0.00
0.12	0.10	0.07	0.05	0.04	0.03	0.02	0.01	0.01	0.00	0.00	0.00	0.00
0.03	0.03	0.03	0.03	0.03	0.03	0.02	0.02	0.01	0.01	0.01	0.00	0.00
0.13	0.13	0.13	0.13	0.13	0.13	0.12	0.11	0.09	0.07	0.04	0.02	0.01
0.11	0.11	0.11	0.11	0.10	0.09	0.08	0.07	0.05	0.03	0.02	0.01	0.00
0.10	0.10	0.09	0.08	0.07	0.06	0.05	0.03	0.02	0.01	0.00	0.00	0.00
0.08	0.08	0.07	0.07	0.07	0.06	0.06	0.05	0.04	0.02	0.01	0.01	0.00
0.05	0.05	0.05	0.05	0.05	0.05	0.05	0.05	0.04	0.04	0.03	0.02	0.02
0.01	0.01	0.01	0.01	0.01	0.01	0.01	0.01	0.00	0.00	0.00	0.00	0.00
0.19	0.19	0.19	0.18	0.18	0.18	0.17	0.17	0.15	0.13	0.10	0.08	0.06
4.87	4.74	4.55	4.31	4.01	3.65	3.22	2.72	2.15	1.55	0.99	0.54	0.29

［参考］ 令和４年　簡易生命表の概況

1　主な年齢の平均余命

　令和４年簡易生命表によると、男の平均寿命（０歳の平均余命のこと。以下同じ）は81.05年、女の平均寿命は87.09年となり前年と比較して男は0.42年、女は0.49年下回っている。平均寿命の男女差は、6.03年で前年より0.07年縮小している。また、主な年齢の平均余命をみると、男女とも全年齢で前年を下回っている。（表１、表２）

　平均寿命の前年との差を死因別に分解すると、男は悪性新生物＜腫瘍＞などの死亡率の変化が平均寿命を延ばす方向に働いているが、男女とも新型コロナウイルス感染症（COVID-19）、心疾患（高血圧性を除く。以下同じ）、老衰などの死亡率の変化が平均寿命を縮める方向に働いている（図１）。

表１　主な年齢の平均余命

（単位：年）

年齢	男			女		
	令和４年	令和３年	前年との差	令和４年	令和３年	前年との差
０歳	81.05	81.47	△ 0.42	87.09	87.57	△ 0.49
5	76.25	76.67	△ 0.42	82.28	82.76	△ 0.48
10	71.28	71.70	△ 0.42	77.30	77.78	△ 0.48
15	66.31	66.73	△ 0.42	72.33	72.81	△ 0.48
20	61.39	61.81	△ 0.42	67.39	67.87	△ 0.48
25	56.53	56.95	△ 0.42	62.48	62.95	△ 0.47
30	51.66	52.09	△ 0.43	57.56	58.03	△ 0.47
35	46.80	47.23	△ 0.43	52.65	53.13	△ 0.47
40	41.97	42.40	△ 0.43	47.77	48.24	△ 0.46
45	37.20	37.62	△ 0.42	42.93	43.39	△ 0.46
50	32.51	32.93	△ 0.42	38.16	38.61	△ 0.45
55	27.97	28.39	△ 0.43	33.46	33.91	△ 0.45
60	23.59	24.02	△ 0.43	28.84	29.28	△ 0.45
65	19.44	19.85	△ 0.41	24.30	24.73	△ 0.43
70	15.56	15.96	△ 0.41	19.89	20.31	△ 0.42
75	12.04	12.42	△ 0.38	15.67	16.08	△ 0.41
80	8.89	9.22	△ 0.33	11.74	12.12	△ 0.38
85	6.20	6.48	△ 0.29	8.28	8.60	△ 0.32
90	4.14	4.38	△ 0.24	5.47	5.74	△ 0.27

表２　平均寿命の年次推移

（単位：年）

和暦	男	女	男女差
昭和22年	50.06	53.96	3.90
25-27	59.57	62.97	3.40
30	63.60	67.75	4.15
35	65.32	70.19	4.87
40	67.74	72.92	5.18
45	69.31	74.66	5.35
50	71.73	76.89	5.16
55	73.35	78.76	5.41
60	74.78	80.48	5.70
平成2	75.92	81.90	5.98
7	76.38	82.85	6.47
12	77.72	84.60	6.88
17	78.56	85.52	6.96
22	79.55	86.30	6.75
27	80.75	86.99	6.24
令和2	81.56	87.71	6.15
3	81.47	87.57	6.10
4	81.05	87.09	6.03

注：1）令和２年以前は完全生命表による。
　　2）昭和45年以前は、沖縄県を除く値である。

図１　平均寿命の前年との差に対する死因別寄与年数（令和４年）

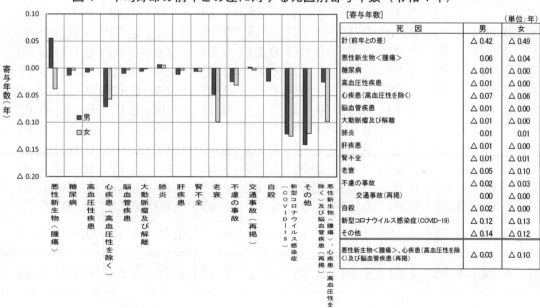

［寄与年数］
（単位：年）

死　因	男	女
計（前年との差）	△ 0.42	△ 0.49
悪性新生物＜腫瘍＞	0.06	△ 0.04
糖尿病	△ 0.01	△ 0.00
高血圧性疾患	△ 0.01	△ 0.00
心疾患（高血圧性を除く）	△ 0.07	△ 0.06
脳血管疾患	△ 0.01	△ 0.00
大動脈瘤及び解離	△ 0.01	△ 0.00
肺炎	0.01	0.01
肝疾患	△ 0.01	△ 0.00
腎不全	△ 0.01	△ 0.01
老衰	△ 0.05	△ 0.10
不慮の事故	△ 0.02	△ 0.03
交通事故（再掲）	0.00	△ 0.00
自殺	△ 0.02	△ 0.00
新型コロナウイルス感染症（COVID-19）	△ 0.12	△ 0.13
その他	△ 0.14	△ 0.12
悪性新生物＜腫瘍＞、心疾患（高血圧性を除く）及び脳血管疾患（再掲）	△ 0.03	△ 0.10

注：交通事故は、不慮の事故の再掲である。

2 寿命中位数等生命表上の生存状況

　　令和4年簡易生命表によると、男女それぞれ10万人の出生に対して65歳の生存数は、男89,573人、女94,362人となっている。これは65歳まで生存する者の割合が男は89.6％、女は94.4％であることを示している。同様に、75歳まで生存する者の割合は男75.3％、女87.9％、90歳まで生存する者の割合は男25.5％、女49.8％となっている。（表3、図2）

　　生命表上で、出生者のうちちょうど半数が生存すると期待される年数を寿命中位数といい、令和4年においては、男83.93年、女89.96年となっており、男女とも2.88年平均寿命を上回っている。（表4、図3）

表3　生命表上の特定年齢まで生存する者の割合の年次推移

（単位：％）

和暦	男					女				
	40歳	65歳	75歳	90歳	95歳	40歳	65歳	75歳	90歳	95歳
昭和22年	68.0	39.8	18.5	0.9	0.1	70.9	49.1	29.0	2.0	0.2
25-27	81.8	55.1	29.4	2.0	0.3	83.2	62.8	40.5	4.0	0.6
30	87.0	61.8	34.6	2.7	0.5	89.0	70.6	47.6	6.2	1.3
35	89.7	64.8	36.1	2.3	0.4	92.2	75.2	51.5	6.0	1.2
40	92.6	69.1	39.9	2.3	0.3	95.0	80.0	57.1	6.5	1.2
45	93.7	72.1	43.5	3.5	0.6	96.1	82.6	61.2	8.6	1.9
50	95.1	76.8	51.0	5.4	1.1	96.9	86.1	67.8	12.0	2.9
55	96.1	79.4	55.7	7.1	1.5	97.6	88.5	72.7	16.0	4.2
60	96.7	81.1	60.2	9.4	2.2	98.0	90.1	76.9	21.2	6.4
平成2	97.1	82.6	63.0	11.6	3.0	98.3	91.3	79.8	26.3	9.0
7	97.2	83.3	63.8	12.8	3.4	98.4	91.6	81.2	30.9	11.9
12	97.5	84.7	66.7	17.3	5.7	98.6	92.6	83.7	38.8	17.7
17	97.7	85.7	69.3	19.3	6.5	98.7	93.1	85.1	42.7	20.8
22	97.9	87.0	72.2	21.5	7.3	98.8	93.6	86.5	46.2	22.8
27	98.2	88.8	74.6	24.9	8.6	99.0	94.2	87.7	49.1	24.5
令和2	98.4	89.7	76.0	28.1	10.5	99.0	94.6	88.4	52.6	27.9
3	98.4	89.8	76.0	27.5	10.1	99.0	94.6	88.3	52.0	27.1
4	98.4	89.6	75.3	25.5	8.7	98.9	94.4	87.9	49.8	25.0

注：1）令和2年以前は完全生命表による。
　　2）昭和45年以前は、沖縄県を除く値である。

表4　寿命中位数と平均寿命の年次推移

（単位：年）

和暦	男			女		
	寿命中位数	平均寿命	寿命中位数と平均寿命の差	寿命中位数	平均寿命	寿命中位数と平均寿命の差
昭和22年	59.28	50.06	9.22	64.45	53.96	10.49
25-27	67.22	59.57	7.65	71.31	62.97	8.34
30	69.79	63.60	6.19	74.19	67.75	6.44
35	70.66	65.32	5.34	75.44	70.19	5.25
40	72.00	67.74	4.26	77.04	72.92	4.12
45	73.10	69.31	3.79	78.19	74.66	3.53
50	75.31	71.73	3.58	80.17	76.89	3.28
55	76.69	73.35	3.34	81.75	78.76	2.99
60	78.06	74.78	3.28	83.38	80.48	2.90
平成2	79.13	75.92	3.21	84.71	81.90	2.81
7	79.49	76.38	3.11	85.73	82.85	2.88
12	80.74	77.72	3.02	87.41	84.60	2.81
17	81.56	78.56	3.00	88.34	85.52	2.82
22	82.60	79.55	3.05	89.17	86.30	2.87
27	83.76	80.75	3.01	89.79	86.99	2.80
令和2	84.51	81.56	2.95	90.55	87.71	2.84
3	84.39	81.47	2.92	90.42	87.57	2.85
4	83.93	81.05	2.88	89.96	87.09	2.88

注：1）令和2年以前は完全生命表による。
　　2）昭和45年以前は、沖縄県を除く値である。

図2　生命表上の特定年齢まで生存する者の割合の年次推移

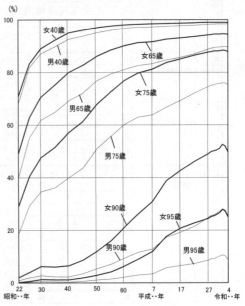

注：1）平成27年以前及び令和2年は完全生命表による。
　　2）昭和45年以前は、沖縄県を除く値である。

図3　寿命中位数と平均寿命の年次推移

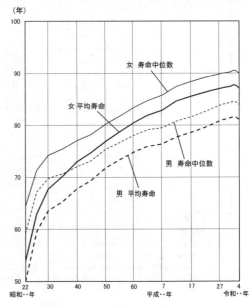

注：1）平成27年以前及び令和2年は完全生命表による。
　　2）昭和45年以前は、沖縄県を除く値である。

3 平均寿命の国際比較

平均寿命の諸外国との比較は、国により作成基礎期間や作成方法が異なるため、厳密な比較は困難である。しかし、現在入手している資料を用いて比較すると、表5のとおりである。

図4は、主な国の平均寿命の年次推移を図示したものである。

表5 平均寿命の国際比較

(単位：年)

国 名	作成基礎期間	男	女	（参考）人口（万人）
日 本 (Japan)	2022	81.05	87.09	12 203
ア フ リ カ アルジェリア (Algeria)	2019*	77.2	78.6	4 423
コンゴ民主共和国 (Democratic Republic of the Congo)	2018*	56.5	59.7	10 525
(AFRICA) エ ジ プ ト (Egypt)	2022	69.7	74.1	10 206
南 ア フ リ カ (South Africa)	2020*	62.5	68.5	6 014
チ ュ ニ ジ ア (Tunisia)	2016	74.5	78.1	1 178
北 ア メ リ カ カ ナ ダ (Canada)	2018 - 2020	79.82	84.11	3 825
(NORTH AMERICA) コ ス タ リ カ (Costa Rica)	2021*	78.18	83.32	516
メ キ シ コ (Mexico)	2022	72.6	78.4	12 897
アメリカ合衆国 (United States of America)	2021	73.5	79.3	33 189
南 ア メ リ カ アルゼンチン (Argentina)	2020*	74.90	81.44	4 581
(SOUTH AMERICA) ブ ラ ジ ル (Brazil)	2021	73.56	80.52	21 332
チ リ (Chile)	2021 - 2022*	78.29	83.78	1 968
コ ロ ン ビ ア (Colombia)	2020 - 2021*	73.69	80.04	5 105
ペ ル ー (Peru)	2015 - 2020*	73.7	79.2	3 304
ア ジ ア バングラデシュ (Bangladesh)	2020*	71.2	74.5	16 822
(ASIA) 中 国 (China)	2020	75.37	80.88	141 260
キ プ ロ ス (Cyprus)	2019	80.1	84.2	90
イ ン ド (India)	2016 - 2020	68.6	71.4	136 717
インドネシア (Indonesia)	2022	69.93	73.83	27 268
イ ラ ン (Iran)	2016*	72.5	75.5	8 406
イ ス ラ エ ル (Israel)	2016 - 2020	80.80	84.68	922
マ レ ー シ ア (Malaysia)	2022	71.3	75.8	3 266
フ ィ リ ピ ン (Philippines)	2015 - 2020*	69.93	75.91	11 020
カ タ ー ル (Qatar)	2020*	79.51	83.06	275
韓 国 (Republic of Korea)	2021	80.6	86.6	5 174
シ ン ガ ポ ー ル (Singapore)	2022	80.7	85.2	545
タ イ (Thailand)	2021	73.5	80.5	6 668
ト ル コ (Turkey)	2017 - 2019*	75.94	81.30	8 415
ヨ ー ロ ッ パ オ ー ス ト リ ア (Austria)	2021	78.80	83.76	893
(EUROPE) ベ ル ギ ー (Belgium)	2021	79.24	84.03	1 155
チ ェ コ (Czech Republic)	2022	76.15	82.01	1 070
デ ン マ ー ク (Denmark)	2021 - 2022	79.38	83.14	585
フ ィ ン ラ ン ド (Finland)	2022	78.63	83.79	553
フ ラ ン ス (France)	2022	79.35	85.23	6 545
ド イ ツ (Germany)	2019 - 2021	78.54	83.38	8 316
ギ リ シ ャ (Greece)	2020*	78.34	83.61	1 068
ア イ ス ラ ン ド (Iceland)	2022	80.9	83.8	37
イ タ リ ア (Italy)	2022	80.482	84.781	5 924
オ ラ ン ダ (Netherlands)	2021	79.68	82.99	1 748
ノ ル ウ ェ ー (Norway)	2022	80.92	84.35	539
ポ ー ラ ン ド (Poland)	2021	71.75	79.68	3 784
ロ シ ア (Russian Federation)	2020	66.49	76.43	14 351
ス ペ イ ン (Spain)	2021	80.27	85.83	4 733
ス ウ ェ ー デ ン (Sweden)	2022	81.34	84.73	1 038
ス イ ス (Switzerland)	2022	81.6	85.4	870
ウ ク ラ イ ナ (Ukraine)	2018*	66.69	76.72	4 142
イ ギ リ ス (United Kingdom)	2018 - 2020	79.04	82.86	6 708
オ セ ア ニ ア オ ー ス ト ラ リ ア (Australia)	2019 - 2021	81.30	85.41	2 574
(OCEANIA) ニ ュ ー ジ ー ラ ン ド (New Zealand)	2020 - 2022	80.50	84.01	512

参考：香港(Hong Kong)の平均寿命は2022年で、男が 81.27 年、女が 87.16 年である。（人口 741万人）

注 ： 平均寿命は、当該政府の資料(2023年5月までに入手したもの)による。ただし、*印は国連「Demographic Yearbook 2021」による。
人口は、国連「Demographic Yearbook 2021」における2021年の値（アルジェリア、バングラデシュ、イスラエル、イギリスは2020年。ロシアは2013年。）による。ただし、日本は令和4（2022）年10月1日現在日本人推計人口である。

図4 主な国の平均寿命の年次推移 －1965～2022年－

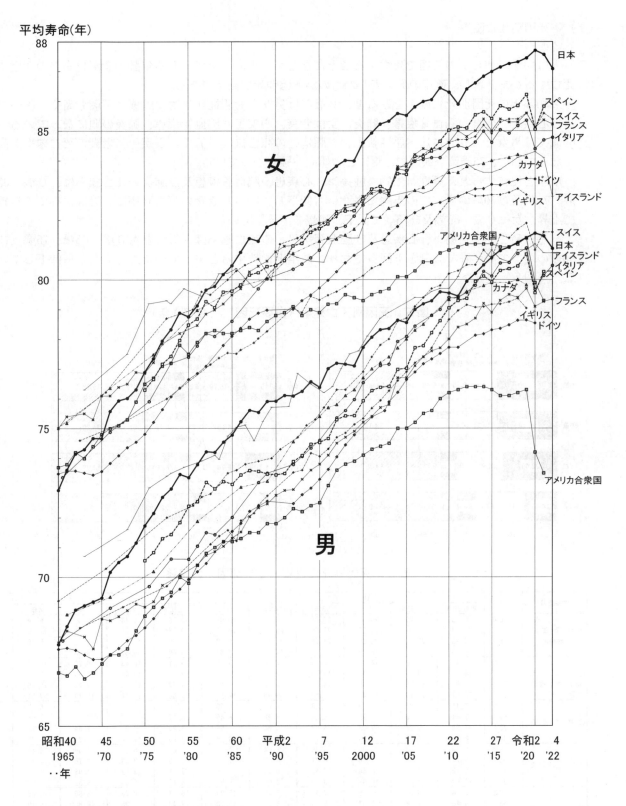

資料：国連「Demographic Yearbook」等
注：1）1971年以前の日本は、沖縄県を除く数値である。
　　2）1990年以前のドイツは、旧西ドイツの数値である。

4　死因分析

（１）　死因別死亡確率

　　人はいずれ何らかの死因で死亡することになるが、生命表上で、ある年齢の者が将来どの死因で死亡するかを計算し、確率の形で表したものが死因別死亡確率である。

　　令和４年の死因別死亡確率をみると、０歳では男女とも悪性新生物＜腫瘍＞が最も高く、次いで、男は心疾患、老衰、脳血管疾患、肺炎、女は老衰、心疾患、脳血管疾患、肺炎の順になっている。65歳では男女とも０歳に比べ悪性新生物＜腫瘍＞の死亡確率が低く、心疾患、老衰の死亡確率が高くなっており、75歳及び90歳では更にこの傾向が強くなっている。

　　前年と比較すると、悪性新生物＜腫瘍＞、心疾患、脳血管疾患及び肺炎の死亡確率は、０歳、65歳、75歳及び90歳のすべての年齢で男女とも低下している。老衰の死亡確率は、男はすべての年齢で上昇、女は０歳、65歳及び75歳で低下、90歳で上昇している。

　　「悪性新生物＜腫瘍＞、心疾患及び脳血管疾患」の死亡確率は、男女とも０歳、65歳、75歳及び90歳のすべての年齢で５割を下回っており、前年と比較するとすべての年齢で男女とも低下している。（図５、表６）

図５　死因別死亡確率（主要死因）（令和４年）

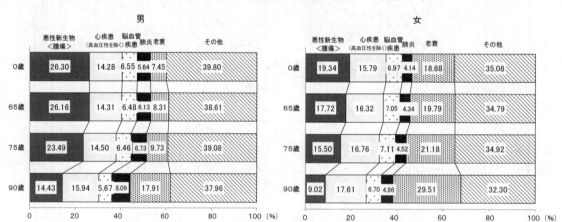

表６　死因別死亡確率（主要死因）の推移

（単位：％）

主要死因	年齢	男					女				
		平成30年	令和元年	2年	3年	4年	平成30年	令和元年	2年	3年	4年
悪性新生物 ＜腫瘍＞	0歳	28.23	28.20	28.33	27.66	26.30	20.01	19.95	20.18	19.86	19.34
	65	27.93	27.97	28.22	27.55	26.16	18.31	18.26	18.58	18.28	17.72
	75	24.90	25.04	25.39	24.76	23.49	16.13	16.10	16.40	16.12	15.50
	90	15.30	15.58	16.02	15.43	14.43	9.67	9.69	9.87	9.68	9.02
心　疾　患 （高血圧性を除く）	0歳	14.42	14.22	14.41	14.38	14.28	17.15	16.71	16.45	16.20	15.79
	65	14.55	14.29	14.47	14.43	14.31	17.75	17.27	17.02	16.75	16.32
	75	14.86	14.54	14.75	14.71	14.50	18.24	17.74	17.48	17.22	16.76
	90	16.67	16.19	16.45	16.63	15.94	19.24	18.60	18.41	18.19	17.61
脳　血　管　疾　患	0歳	7.41	7.20	7.00	6.86	6.55	8.36	8.06	7.79	7.46	6.97
	65	7.44	7.19	6.99	6.84	6.48	8.48	8.17	7.87	7.55	7.05
	75	7.54	7.27	7.03	6.87	6.46	8.59	8.29	7.97	7.64	7.11
	90	6.91	6.63	6.36	6.12	5.67	8.29	7.95	7.64	7.31	6.70
肺　　　炎	0歳	8.44	8.43	7.07	6.25	5.64	6.88	6.68	5.33	4.56	4.14
	65	9.22	9.18	7.68	6.81	6.13	7.21	7.00	5.58	4.78	4.34
	75	10.19	10.14	8.44	7.48	6.73	7.56	7.31	5.82	4.98	4.52
	90	12.83	12.64	10.31	9.12	8.09	8.51	8.10	6.33	5.32	4.86
老　　　衰	0歳	5.78	6.35	7.15	7.41	7.45	15.29	16.44	18.05	18.80	18.68
	65	6.46	7.08	7.97	8.25	8.31	16.18	17.40	19.08	19.88	19.79
	75	7.57	8.28	9.31	9.63	9.73	17.31	18.59	20.37	21.23	21.18
	90	14.56	15.61	17.09	17.61	17.91	24.60	26.11	28.23	29.34	29.51
悪性新生物 ＜腫瘍＞、心疾患 （高血圧性を除く） 及び脳血管疾患 （再掲）	0歳	50.06	49.62	49.75	48.90	47.12	45.52	44.72	44.42	43.52	42.10
	65	49.92	49.45	49.68	48.82	46.95	44.54	43.70	43.48	42.59	41.08
	75	47.29	46.86	47.16	46.34	44.45	42.96	42.12	41.85	40.98	39.37
	90	38.88	38.41	38.83	38.19	36.04	37.21	36.24	35.92	35.18	33.33

注：令和２年は完全生命表による。

（２）　特定死因を除去した場合の平均余命の延び

　ある死因で死亡することがなくなったとすると、その死因によって死亡していた者は、その死亡年齢以後に他の死因で死亡することになる。その結果、死亡時期が繰り越され、平均余命が延びることになる。この延びは、その死因のために失われた平均余命としてみることができ、これによって各死因がどの程度平均余命に影響しているかを測ることができる。

　令和４年の特定死因を除去した場合の平均余命の延びを主要死因についてみると、０歳、65歳及び75歳においては男女とも悪性新生物＜腫瘍＞、心疾患、脳血管疾患、肺炎の順になっている。90歳においては男女とも心疾患が最も大きく、次いで悪性新生物＜腫瘍＞、男は次いで、肺炎、脳血管疾患、女は脳血管疾患、肺炎の順になっている。

　前年と比較すると、男女とも悪性新生物＜腫瘍＞、心疾患、脳血管疾患及び肺炎のどの死因でも０歳、65歳、75歳及び90歳のすべての年齢で特定死因を除去した場合の平均余命の延びは短くなっている。

　「悪性新生物＜腫瘍＞、心疾患及び脳血管疾患」を除去した場合の延びは、０歳では男6.11年、女5.07年、65歳では男4.97年、女4.01年、75歳では男3.70年、女3.22年、90歳では男1.48年、女1.55年となっている。（表７）

表７　特定死因を除去した場合の平均余命の延び（主要死因）の推移

（単位：年）

除去する 主要死因	年齢	男					女				
		平成30年	令和元年	2年	3年	4年	平成30年	令和元年	2年	3年	4年
悪性新生物 ＜腫瘍＞	0歳	3.54	3.54	3.55	3.43	3.19	2.84	2.84	2.87	2.81	2.74
	65	2.87	2.89	2.93	2.83	2.62	1.96	1.96	2.02	1.97	1.89
	75	1.95	1.98	2.03	1.95	1.80	1.35	1.36	1.41	1.37	1.29
	90	0.56	0.59	0.62	0.57	0.50	0.41	0.41	0.44	0.42	0.37
心　疾　患 （高血圧性を除く）	0歳	1.41	1.41	1.44	1.42	1.41	1.31	1.28	1.26	1.23	1.19
	65	1.11	1.10	1.12	1.10	1.09	1.24	1.20	1.20	1.16	1.11
	75	0.92	0.91	0.93	0.92	0.89	1.17	1.13	1.13	1.09	1.04
	90	0.59	0.59	0.61	0.60	0.54	0.81	0.78	0.80	0.77	0.71
脳 血 管 疾 患	0歳	0.73	0.72	0.71	0.69	0.66	0.69	0.67	0.66	0.62	0.58
	65	0.57	0.55	0.55	0.53	0.50	0.60	0.58	0.57	0.54	0.50
	75	0.47	0.46	0.45	0.44	0.40	0.54	0.52	0.51	0.48	0.45
	90	0.23	0.23	0.22	0.21	0.18	0.33	0.31	0.31	0.29	0.25
肺　　　　炎	0歳	0.57	0.58	0.49	0.43	0.38	0.43	0.42	0.34	0.29	0.26
	65	0.58	0.58	0.49	0.43	0.38	0.43	0.42	0.34	0.29	0.26
	75	0.57	0.58	0.48	0.42	0.37	0.43	0.41	0.33	0.29	0.25
	90	0.44	0.44	0.36	0.31	0.26	0.33	0.31	0.25	0.20	0.18
悪 性 新 生 物 ＜腫瘍＞、心疾患 （高血圧性を除く） 及び脳血管疾患	0歳	6.70	6.65	6.69	6.49	6.11	5.55	5.45	5.46	5.28	5.07
	65	5.46	5.43	5.50	5.32	4.97	4.45	4.34	4.39	4.24	4.01
	75	4.08	4.07	4.15	4.01	3.70	3.63	3.55	3.58	3.44	3.22
	90	1.72	1.72	1.79	1.70	1.48	1.85	1.79	1.84	1.75	1.55

注：1）令和２年は完全生命表による。
　　2）「悪性新生物＜腫瘍＞、心疾患（高血圧性を除く。以下同じ）及び脳血管疾患」の数値は、以下の理由により「悪性新生物＜腫瘍＞」、「心疾患」及び「脳血管疾患」のそれぞれを合計した数値にはならない。
　　○「悪性新生物＜腫瘍＞、心疾患及び脳血管疾患」の数値：３つの死因を同時に除去していることから、３つのどの死因による死亡も発生しないものとして延びが計算される。
　　○「悪性新生物＜腫瘍＞」「心疾患」「脳血管疾患」それぞれの数値：単独に死因を除去し、他の２つの死因を除去していないことから、当該２つの死因による死亡が発生するものとして延びが計算される。

付　　　録

付録Ⅰ　主な年齢の平均余命の年次推移

（単位：年）

年次		男						女					
西暦	和暦	0歳	20	40	65	75	90	0歳	20	40	65	75	90
*1947年	*昭和22年	50.06	40.89	26.88	10.16	6.09	2.56	53.96	44.87	30.39	12.22	7.03	2.45
48	23	55.6	43.6	29.1	12.0	8.0	…	59.4	47.3	32.5	14.2	9.3	…
49	24	56.2	44.3	29.2	11.7	7.6	…	59.8	47.9	32.6	14.0	8.9	…
50	25	58.0	45.3	29.4	11.5	7.6	…	61.5	48.7	32.7	13.9	9.0	…
*1950-1952	*25-27	59.57	46.43	29.65	11.35	6.73	2.70	62.97	49.58	32.77	13.36	7.76	2.72
1951	26	60.8	47.9	31.4	…	…	…	64.9	51.9	35.4	…	…	…
52	27	61.9	48.0	30.9	12.5	8.4	…	65.5	51.4	34.2	14.8	9.8	…
53	28	61.9	48.0	30.6	11.9	7.6	…	65.7	51.4	33.9	14.2	9.1	…
54	29	63.41	48.87	31.45	12.88	8.20	…	67.69	52.86	35.22	15.00	9.24	…
*1955	*30	63.60	48.47	30.85	11.82	6.97	2.87	67.75	52.25	34.34	14.13	8.28	3.12
56	31	63.59	48.21	30.45	11.36	6.26	…	67.54	51.92	33.85	13.54	7.61	…
57	32	63.24	47.87	30.04	11.01	6.27	…	67.60	51.48	33.39	12.93	6.90	…
58	33	64.98	49.19	31.29	12.12	7.33	…	69.61	53.48	35.23	14.71	8.93	…
59	34	65.21	49.31	31.30	11.91	6.81	…	69.88	53.45	35.08	14.37	8.28	…
*1960	*35	65.32	49.08	31.02	11.62	6.60	2.69	70.19	53.39	34.90	14.10	8.01	2.99
61	36	66.03	49.58	31.44	11.88	6.69	…	70.79	53.72	35.10	14.10	7.77	…
62	37	66.23	49.44	31.19	11.55	6.33	…	71.16	53.85	35.15	14.09	7.76	…
63	38	67.21	50.10	31.79	12.10	6.84	…	72.34	54.70	35.89	14.70	8.33	…
64	39	67.67	50.33	31.96	12.19	6.92	…	72.87	54.99	36.11	14.83	8.42	…
*1965	*40	67.74	50.18	31.73	11.88	6.63	2.56	72.92	54.85	35.91	14.56	8.11	2.96
66	41	68.35	50.78	32.33	12.42	7.11	…	73.61	55.53	36.55	15.11	8.62	…
67	42	68.91	51.06	32.56	12.50	7.11	…	74.15	55.82	36.79	15.26	8.69	…
68	43	69.05	51.17	32.61	12.48	7.03	…	74.30	55.93	36.86	15.26	8.61	…
69	44	69.18	51.24	32.71	12.53	7.11	…	74.67	56.24	37.17	15.51	8.89	…
*1970	*45	69.31	51.26	32.68	12.50	7.14	2.75	74.66	56.11	37.01	15.34	8.70	3.26
71	46	70.17	52.05	33.42	13.08	7.54	…	75.58	56.99	37.85	16.00	9.23	…
72	47	70.50	52.33	33.67	13.25	7.57	…	75.94	57.28	38.11	16.17	9.26	…
73	48	70.70	52.46	33.74	13.22	7.44	…	76.02	57.33	38.12	16.10	9.12	…
74	49	71.16	52.79	33.99	13.38	7.55	…	76.31	57.54	38.30	16.18	9.15	…
*1975	*50	71.73	53.27	34.41	13.72	7.85	3.05	76.89	58.04	38.76	16.56	9.47	3.39
76	51	72.15	53.60	34.68	13.91	7.97	…	77.35	58.43	39.11	16.80	9.63	…
77	52	72.69	54.07	35.12	14.29	8.23	…	77.95	58.99	39.63	17.24	9.99	…
78	53	72.97	54.32	35.32	14.40	8.26	…	78.33	59.32	39.95	17.48	10.17	…
79	54	73.46	54.72	35.70	14.75	8.54	…	78.89	59.83	40.42	17.92	10.51	…
*1980	*55	73.35	54.56	35.52	14.56	8.34	3.17	78.76	59.66	40.23	17.68	10.24	3.55
81	56	73.79	54.95	35.88	14.85	8.55	3.28	79.13	60.00	40.55	17.93	10.41	3.50
82	57	74.22	55.33	36.24	15.18	8.79	3.28	79.66	60.48	41.02	18.35	10.75	3.59
83	58	74.20	55.25	36.20	15.19	8.74	3.21	79.78	60.56	41.10	18.40	10.75	3.49
84	59	74.54	55.56	36.47	15.43	8.89	3.27	80.18	60.93	41.46	18.71	11.00	3.58
*1985	*60	74.78	55.74	36.63	15.52	8.93	3.28	80.48	61.20	41.72	18.94	11.19	3.82
86	61	75.23	56.15	37.02	15.86	9.24	3.38	80.93	61.62	42.13	19.29	11.45	3.78
87	62	75.61	56.50	37.35	16.12	9.43	3.51	81.39	62.05	42.54	19.67	11.77	3.92
88	63	75.54	56.40	37.24	15.95	9.26	3.31	81.30	61.96	42.44	19.54	11.62	3.82
89	平成元	75.91	56.74	37.56	16.22	9.52	3.44	81.77	62.41	42.89	19.95	12.00	4.02
*1990	*2	75.92	56.77	37.58	16.22	9.50	3.51	81.90	62.54	43.00	20.03	12.06	4.18
91	3	76.11	56.90	37.70	16.31	9.59	3.37	82.11	62.73	43.18	20.20	12.18	3.95
92	4	76.09	56.91	37.70	16.31	9.61	3.30	82.22	62.84	43.29	20.31	12.28	3.98
93	5	76.25	57.02	37.80	16.41	9.74	3.60	82.51	63.13	43.55	20.57	12.55	4.45
94	6	76.57	57.35	38.13	16.67	9.96	3.73	82.98	63.56	44.00	20.97	12.89	4.63
*1995	*7	76.38	57.16	37.96	16.48	9.81	3.58	82.85	63.46	43.91	20.94	12.88	4.64
96	8	77.01	57.71	38.48	16.94	10.25	3.83	83.59	64.13	44.55	21.53	13.40	4.95
97	9	77.19	57.86	38.62	17.02	10.29	3.81	83.82	64.36	44.79	21.75	13.58	5.03
98	10	77.16	57.85	38.66	17.13	10.43	3.86	84.01	64.56	45.01	21.96	13.79	5.15
99	11	77.10	57.74	38.56	17.02	10.28	3.76	83.99	64.50	44.94	21.89	13.71	5.05
*2000	*12	77.72	58.33	39.13	17.54	10.75	4.10	84.60	65.08	45.52	22.42	14.19	5.29
01	13	78.07	58.64	39.43	17.78	10.95	4.19	84.93	65.39	45.82	22.68	14.42	5.41
02	14	78.32	58.87	39.64	17.96	11.07	4.29	85.23	65.69	46.12	22.96	14.67	5.56
03	15	78.36	58.89	39.67	18.02	11.09	4.26	85.33	65.79	46.22	23.04	14.72	5.57
04	16	78.64	59.15	39.93	18.21	11.23	4.36	85.59	66.01	46.44	23.28	14.93	5.69
*2005	*17	78.56	59.08	39.86	18.13	11.07	4.15	85.52	65.93	46.38	23.19	14.83	5.53
06	18	79.00	59.49	40.25	18.45	11.31	4.32	85.81	66.22	46.66	23.44	15.04	5.66
07	19	79.19	59.66	40.40	18.56	11.40	4.40	85.99	66.39	46.82	23.59	15.16	5.72
08	20	79.29	59.75	40.49	18.60	11.40	4.36	86.05	66.45	46.89	23.64	15.18	5.71
09	21	79.59	60.04	40.78	18.88	11.63	4.48	86.44	66.81	47.25	23.97	15.46	5.86
*2010	*22	79.55	59.99	40.73	18.74	11.45	4.19	86.30	66.67	47.08	23.80	15.27	5.53
11	23	79.44	59.93	40.69	18.69	11.43	4.14	85.90	66.35	46.84	23.66	15.16	5.46
12	24	79.94	60.36	41.05	18.89	11.57	4.16	86.41	66.78	47.17	23.82	15.27	5.47
13	25	80.21	60.61	41.29	19.08	11.74	4.26	86.61	66.94	47.32	23.97	15.39	5.53
14	26	80.50	60.90	41.57	19.29	11.94	4.35	86.83	67.16	47.55	24.18	15.60	5.66
*2015	*27	80.75	61.13	41.77	19.41	12.03	4.27	86.99	67.31	47.67	24.24	15.64	5.56
16	28	80.98	61.34	41.96	19.55	12.14	4.28	87.14	67.46	47.82	24.38	15.76	5.62
17	29	81.09	61.45	42.05	19.57	12.18	4.25	87.26	67.57	47.90	24.43	15.79	5.61
18	30	81.25	61.61	42.20	19.70	12.29	4.33	87.32	67.63	47.97	24.50	15.86	5.66
19	令和元	81.41	61.77	42.35	19.83	12.41	4.41	87.45	67.77	48.11	24.63	15.97	5.71
*2020	*2	81.56	61.90	42.50	19.97	12.54	4.49	87.71	68.01	48.37	24.88	16.22	5.85
21	3	81.47	61.81	42.40	19.85	12.42	4.38	87.57	67.87	48.24	24.73	16.08	5.74
22	4	81.05	61.39	41.97	19.44	12.04	4.14	87.09	67.39	47.77	24.30	15.67	5.47

注：1）*印は完全生命表による。
　　2）昭和46年（1971年）以前は、沖縄県を除く値である。

（完全生命表）

年　　齢	明治24～31年 第 1 回	明治32～36年 第 2 回	明治42～大正2年 第 3 回	大正10～14年 第 4 回	大正15～昭和5年 第 5 回	昭和10年度 第 6 回	22年 第 8 回	25～27年 第 9 回	30年 第 10 回	35年 第 11 回
男										
0	42.8	43.97	44.25	42.06	44.82	46.92	50.06	59.57	63.60	65.32
1	49.2	51.11	51.61	49.14	51.07	51.95	53.74	62.14	65.37	66.56
2	50.5	52.04	52.97	50.62	52.35	52.92	54.57	61.86	64.74	65.81
3	51.0	52.41	53.23	50.96	52.54	53.02	54.63	61.42	64.04	65.00
4	51.0	52.31	53.02	50.81	52.33	52.74	54.23	60.82	63.27	64.15
5	50.7	51.90	52.57	50.35	51.85	52.22	53.61	60.10	62.45	63.26
10	47.5	48.23	48.82	46.53	47.93	48.25	49.49	55.68	57.89	58.57
15	43.4	44.02	44.62	42.31	43.58	43.85	44.93	50.95	53.09	53.74
20	39.8	40.35	41.06	39.10	40.18	40.41	40.89	46.43	48.47	49.08
25	36.5	37.02	37.84	36.06	37.01	37.35	37.60	42.24	44.09	44.58
30	33.0	33.44	34.31	32.59	33.43	33.89	34.23	38.10	39.70	40.07
35	29.4	29.73	30.58	28.87	29.61	30.10	30.62	33.87	35.27	35.52
40	25.7	26.03	26.82	25.13	25.74	26.22	26.88	29.65	30.85	31.02
45	22.2	22.42	23.14	21.49	22.02	22.43	23.12	25.52	26.52	26.61
50	18.8	18.97	19.61	18.02	18.49	18.85	19.44	21.54	22.41	22.39
55	15.7	15.73	16.30	14.77	15.21	15.55	15.97	17.79	18.54	18.45
60	12.8	12.76	13.28	11.87	12.23	12.55	12.83	14.36	14.97	14.84
65	10.2	10.14	10.58	9.31	9.64	9.89	10.16	11.35	11.82	11.62
70	8.0	7.89	8.26	7.11	7.43	7.62	7.93	8.82	9.13	8.85
75	6.2	6.00	6.31	5.31	5.61	5.72	6.09	6.73	6.97	6.60
80	4.8	4.44	4.70	3.87	4.15	4.20	4.62	5.04	5.25	4.91
85	3.7	3.19	3.40	2.77	3.02	3.03	3.46	3.72	3.90	3.69
90	2.6	2.22	2.38	1.95	2.17	2.14	2.56	2.70	2.87	2.69
95	1.8	1.48	1.59	1.37	1.55	1.51	1.89	1.95	2.10	1.85
100	1.1	0.50	1.00	0.83	1.09	1.07	1.23	1.40	1.51	1.18
女										
0	44.3	44.85	44.73	43.20	46.54	49.63	53.96	62.97	67.75	70.19
1	50.1	51.17	51.24	49.42	52.10	54.07	57.40	65.25	69.34	71.17
2	51.3	52.06	52.55	50.86	53.37	55.02	58.30	65.01	68.70	70.39
3	51.7	52.44	52.83	51.22	53.59	55.13	58.42	64.58	68.00	69.57
4	51.8	52.36	52.61	51.12	53.43	54.89	58.06	64.00	67.24	68.69
5	51.5	51.97	52.16	50.71	53.00	54.40	57.45	63.28	66.41	67.79
10	48.1	48.34	48.51	47.00	49.18	50.47	53.31	58.82	61.78	63.04
15	44.2	44.36	44.67	43.12	45.11	46.33	48.81	54.10	56.96	58.17
20	40.8	41.06	41.67	40.38	42.12	43.22	44.87	49.58	52.25	53.39
25	37.6	38.02	38.83	37.72	39.23	40.23	41.48	45.35	47.73	48.74
30	34.4	34.84	35.72	34.69	35.98	36.88	37.95	41.20	43.25	44.10
35	31.1	31.54	32.42	31.44	32.53	33.30	34.24	36.99	38.78	39.48
40	27.8	28.19	29.03	28.09	29.01	29.65	30.39	32.77	34.34	34.90
45	24.4	24.71	25.49	24.58	25.39	25.91	26.52	28.58	29.95	30.39
50	20.8	21.11	21.84	20.95	21.67	22.15	22.64	24.47	25.70	26.03
55	17.4	17.61	18.31	17.43	18.09	18.54	18.92	20.53	21.61	21.83
60	14.2	14.32	14.99	14.12	14.68	15.07	15.39	16.81	17.72	17.83
65	11.4	11.35	11.94	11.10	11.58	11.88	12.22	13.36	14.13	14.10
70	8.8	8.77	9.28	8.44	8.88	9.04	9.41	10.34	10.95	10.78
75	6.7	6.61	7.09	6.21	6.59	6.62	7.03	7.76	8.28	8.01
80	5.1	4.85	5.26	4.41	4.73	4.67	5.09	5.64	6.12	5.88
85	3.9	3.45	3.77	3.04	3.30	3.17	3.58	3.97	4.42	4.26
90	2.7	2.36	2.61	2.04	2.24	2.09	2.45	2.72	3.12	2.99
95	1.8	1.55	1.71	1.36	1.50	1.35	1.65	1.83	2.16	2.02
100	1.2	0.83	1.00	0.89	1.01	0.89	1.05	1.22	1.47	1.29

注：昭和22～45年は沖縄県を除いた値である。

生　命　表（平均余命）

（単位：年）

| 40年 | 45年 | 50年 | 55年 | 60年 | 平成2年 | 7年 | 12年 | 17年 | 22年 | 27年 | 令和2年 |
第 12 回	第 13 回	第 14 回	第 15 回	第 16 回	第 17 回	第 18 回	第 19 回	第 20 回	第 21 回	第 22 回	第 23 回
67.74	69.31	71.73	73.35	74.78	75.92	76.38	77.72	78.56	79.55	80.75	81.56
68.16	69.35	71.53	72.96	74.22	75.30	75.73	76.99	77.79	78.75	79.92	80.71
67.31	68.47	70.63	72.03	73.28	74.36	74.78	76.03	76.83	77.78	78.94	79.73
66.42	67.55	69.70	71.09	72.33	73.40	73.82	75.06	75.85	76.80	77.96	78.74
65.51	66.62	68.75	70.14	71.36	72.43	72.85	74.08	74.87	75.81	76.97	77.75
64.57	65.67	67.80	69.17	70.39	71.45	71.87	73.10	73.88	74.82	75.98	76.76
59.80	60.85	62.94	64.28	65.47	66.53	66.94	68.15	68.93	69.85	71.02	71.78
54.93	55.97	58.03	59.35	60.54	61.58	62.00	63.19	63.97	64.89	66.05	66.81
50.18	51.26	53.27	54.56	55.74	56.77	57.16	58.33	59.08	59.99	61.13	61.90
45.54	46.58	48.54	49.79	50.97	51.98	52.37	53.52	54.25	55.16	56.28	57.05
40.90	41.90	43.78	45.00	46.16	47.16	47.55	48.69	49.43	50.33	51.43	52.18
36.28	37.24	39.05	40.22	41.36	42.35	42.74	43.89	44.62	45.51	46.58	47.33
31.73	32.68	34.41	35.52	36.63	37.58	37.96	39.13	39.86	40.73	41.77	42.50
27.28	28.22	29.92	30.94	32.01	32.92	33.28	34.45	35.18	36.02	37.01	37.72
23.00	23.88	25.56	26.57	27.56	28.40	28.75	29.91	30.63	31.42	32.36	33.04
18.94	19.76	21.35	22.35	23.36	24.06	24.41	25.58	26.25	26.98	27.85	28.50
15.20	15.93	17.38	18.31	19.34	20.01	20.28	21.44	22.09	22.75	23.51	24.12
11.88	12.50	13.72	14.56	15.52	16.22	16.48	17.54	18.13	18.74	19.41	19.97
8.99	9.56	10.53	11.18	12.00	12.66	12.97	13.97	14.39	14.96	15.59	16.09
6.63	7.14	7.85	8.34	8.93	9.50	9.81	10.75	11.07	11.45	12.03	12.54
4.81	5.26	5.70	6.08	6.51	6.88	7.13	7.96	8.22	8.42	8.83	9.34
3.51	3.82	4.14	4.39	4.64	4.93	5.05	5.76	5.89	6.00	6.22	6.59
2.56	2.75	3.05	3.17	3.28	3.51	3.58	4.10	4.15	4.19	4.27	4.49
1.85	1.97	2.29	2.36	2.29	2.50	2.60	2.97	2.93	2.90	2.98	3.06
1.34	1.40	1.74	1.80	1.58	1.79	1.92	2.18	2.08	1.98	2.18	2.21
72.92	74.66	76.89	78.76	80.48	81.90	82.85	84.60	85.52	86.30	86.99	87.71
73.13	74.52	76.56	78.29	79.89	81.25	82.17	83.86	84.73	85.48	86.14	86.86
72.26	73.62	75.65	77.35	78.95	80.30	81.21	82.89	83.76	84.51	85.17	85.88
71.35	72.69	74.71	76.40	77.98	79.33	80.25	81.92	82.78	83.53	84.19	84.89
70.42	71.75	73.75	75.43	77.01	78.35	79.27	80.93	81.80	82.54	83.20	83.90
69.47	70.78	72.78	74.46	76.03	77.37	78.29	79.95	80.81	81.55	82.20	82.90
64.62	65.91	67.87	69.53	71.08	72.42	73.34	74.98	75.84	76.58	77.23	77.93
59.71	60.99	62.94	64.58	66.13	67.46	68.39	70.01	70.87	71.61	72.26	72.95
54.85	56.11	58.04	59.66	61.20	62.54	63.46	65.08	65.93	66.67	67.31	68.01
50.06	51.30	53.19	54.77	56.30	57.63	58.56	60.16	61.02	61.75	62.37	63.09
45.31	46.50	48.35	49.90	51.41	52.73	53.65	55.26	56.12	56.83	57.45	58.17
40.58	41.73	43.53	45.04	46.54	47.84	48.77	50.37	51.23	51.94	52.55	53.25
35.91	37.01	38.76	40.23	41.72	43.00	43.91	45.52	46.38	47.08	47.67	48.37
31.31	32.37	34.06	35.49	36.96	38.22	39.12	40.73	41.57	42.27	42.83	43.52
26.85	27.84	29.46	30.84	32.28	33.51	34.43	36.01	36.84	37.52	38.07	38.75
22.54	23.47	25.00	26.30	27.71	28.90	29.82	31.40	32.20	32.86	33.38	34.06
18.42	19.27	20.68	21.89	23.24	24.39	25.31	26.85	27.66	28.28	28.77	29.42
14.56	15.34	16.56	17.68	18.94	20.03	20.94	22.42	23.19	23.80	24.24	24.88
11.09	11.75	12.78	13.73	14.89	15.87	16.76	18.19	18.88	19.43	19.85	20.45
8.11	8.70	9.47	10.24	11.19	12.06	12.88	14.19	14.83	15.27	15.64	16.22
5.80	6.27	6.76	7.33	8.07	8.72	9.47	10.60	11.13	11.46	11.71	12.25
4.19	4.46	4.79	5.12	5.60	6.10	6.67	7.61	7.99	8.15	8.30	8.73
2.96	3.26	3.39	3.55	3.82	4.18	4.64	5.29	5.53	5.53	5.56	5.85
2.10	2.41	2.49	2.46	2.55	2.88	3.33	3.73	3.77	3.66	3.63	3.78
1.48	1.81	1.89	1.69	1.61	2.00	2.51	2.72	2.54	2.44	2.50	2.53

（4－1）

年　齢	昭和23年	24年	25年	26年	27年	28年	29年	30年	31年
男									
0	55.6	56.2	58.0	60.8	61.9	61.9	63.41	63.88	63.59
1	58.4	59.2	60.6	63.5	64.2	64.3	65.45	65.64	65.28
2	58.5	59.3	60.5	63.3	63.7	63.8	64.91	65.02	64.63
3	58.1	59.0	60.1	62.9	63.2	63.2	64.28	64.32	63.90
4	57.5	58.4	59.5	62.4	62.6	62.6	63.58	63.55	63.11
5	56.8	57.7	58.7	61.7	61.8	61.8	62.80	62.73	62.28
10	52.5	53.4	54.4	57.2	57.3	57.3	58.23	58.19	57.67
15	47.9	48.7	49.7	52.4	52.6	52.6	53.44	53.40	52.86
20	43.6	44.3	45.3	47.9	48.0	48.0	48.87	48.77	48.21
25	40.1	40.7	41.3	43.8	43.7	43.6	44.54	44.40	43.81
30	36.6	37.0	37.4	39.8	39.5	39.3	40.20	40.00	39.37
35	32.9	33.2	33.4	35.6	35.2	34.9	35.77	35.57	34.89
40	29.1	29.2	29.4	31.4	30.9	30.6	31.45	31.15	30.45
45	25.2	25.3	25.3	27.3	26.7	26.3	27.19	26.83	26.11
50	21.5	21.5	21.4	23.4	22.7	22.2	23.08	22.72	21.96
55	17.9	17.9	17.7	19.8	18.9	18.4	19.32	18.87	18.09
60	14.8	14.6	14.4	16.6	15.5	15.0	15.88	15.33	14.55
65	12.0	11.7	11.5	…	12.5	11.9	12.88	12.20	11.36
70	9.7	9.4	9.3	…	10.1	9.4	10.14	9.56	8.58
75	8.0	7.6	7.6	…	8.4	7.6	8.20	7.74	6.26
80	…	…	…	…	…	…	…	…	4.41
85	…	…	…	…	…	…	…	…	3.01
90	…	…	…	…	…	…	…	…	…
95	…	…	…	…	…	…	…	…	…
100	…	…	…	…	…	…	…	…	…
女									
0	59.4	59.8	61.5	64.9	65.5	65.7	67.69	68.41	67.54
1	61.9	62.5	63.9	67.3	67.6	67.7	69.52	69.99	69.13
2	62.0	62.7	63.8	67.2	67.2	67.3	69.00	69.38	68.48
3	61.6	62.4	63.4	66.8	66.7	66.8	68.38	68.67	67.75
4	61.0	61.8	62.8	66.3	66.0	66.1	67.69	67.91	66.99
5	60.3	61.1	62.1	65.6	65.3	65.3	66.92	67.09	66.15
10	56.0	56.8	57.8	61.1	60.8	60.8	62.31	62.47	61.49
15	51.4	52.1	53.1	56.4	56.0	56.0	57.51	57.66	56.65
20	47.3	47.9	48.7	51.9	51.4	51.4	52.86	52.95	51.92
25	43.8	44.2	44.7	47.7	47.1	47.0	48.41	48.44	47.37
30	40.2	40.5	40.8	43.6	42.8	42.6	44.00	44.01	42.84
35	36.4	36.6	36.8	39.5	38.5	38.2	39.58	39.55	38.34
40	32.5	32.6	32.7	35.4	34.2	33.9	35.22	35.11	33.85
45	28.6	28.6	28.6	31.3	30.0	29.6	30.86	30.74	29.43
50	24.7	24.6	24.6	27.3	25.9	25.4	26.58	26.49	25.14
55	20.9	20.8	20.7	23.5	21.9	21.4	22.37	22.43	21.02
60	17.4	17.2	17.1	20.0	18.3	17.7	18.54	18.59	17.12
65	14.2	14.0	13.9	…	14.8	14.2	15.00	15.05	13.54
70	11.5	11.2	11.1	…	12.0	11.3	11.82	12.05	10.34
75	9.3	8.9	9.0	…	9.8	9.1	9.24	9.54	7.61
80	…	…	…	…	…	…	…	…	5.38
85	…	…	…	…	…	…	…	…	3.66
90	…	…	…	…	…	…	…	…	…
95	…	…	…	…	…	…	…	…	…
100	…	…	…	…	…	…	…	…	…

注：1）昭和46年以前は、沖縄県を除いた値である。
　　2）完全生命表作成年は、付録Ⅱ「第1回～第23回生命表」を参照。

簡易生命表（平均余命）

（単位：年）

昭和32年	33年	34年	35年	36年	37年	38年	39年	40年	41年
63.24	64.98	65.21	65.37	66.03	66.23	67.21	67.67	67.73	68.35
65.01	66.51	66.66	66.62	67.18	67.21	67.97	68.25	68.16	68.78
64.36	65.81	65.96	65.88	66.40	66.43	67.15	67.42	67.32	67.92
63.62	65.03	65.17	65.06	65.55	65.56	66.27	66.53	66.42	67.02
62.81	64.19	64.33	64.20	64.68	64.66	65.37	65.61	65.50	66.09
61.96	63.32	63.45	63.32	63.78	63.75	64.45	64.68	64.58	65.16
57.32	58.68	58.81	58.64	59.08	59.00	59.70	59.93	59.80	60.38
52.52	53.87	53.99	53.80	54.25	54.16	54.84	55.07	54.93	55.52
47.87	49.19	49.31	49.13	49.58	49.44	50.10	50.33	50.17	50.78
43.44	44.73	44.81	44.62	45.06	44.87	45.50	45.70	45.52	46.13
38.98	40.26	40.31	40.10	40.52	40.30	40.90	41.10	40.88	41.49
34.50	35.76	35.79	35.55	35.96	35.72	36.32	36.49	36.27	36.87
30.04	31.29	31.30	31.05	31.44	31.19	31.79	31.96	31.72	32.33
25.67	26.91	26.90	26.65	27.01	26.77	27.36	27.53	27.27	27.87
21.53	22.74	22.69	22.42	22.77	22.51	23.10	23.25	22.99	23.57
17.65	18.84	18.74	18.47	18.78	18.51	19.08	19.20	18.92	19.49
14.14	15.29	15.16	14.87	15.17	14.85	15.40	15.51	15.19	15.74
11.01	12.12	11.91	11.64	11.88	11.55	12.10	12.19	11.86	12.42
8.31	9.41	9.10	8.86	9.05	8.72	9.22	9.30	8.97	9.51
6.27	7.33	6.81	6.60	6.69	6.33	6.84	6.92	6.59	7.11
4.76	5.86	5.00	4.93	4.83	4.44	4.98	5.06	4.72	5.22
…	5.34	3.71	3.72	3.50	3.10	3.76	3.84	3.46	3.99
…	…	…	…	…	…	…	…	…	…
…	…	…	…	…	…	…	…	…	…
…	…	…	…	…	…	…	…	…	…
67.60	69.61	69.88	70.26	70.79	71.16	72.34	72.87	72.95	73.61
68.75	70.99	71.05	71.25	71.63	71.89	72.87	73.22	73.16	73.82
68.10	70.29	70.33	70.49	70.83	71.08	72.04	72.37	72.30	72.96
67.35	69.50	69.52	69.65	69.97	70.20	71.14	71.47	71.39	72.04
66.55	68.67	68.66	68.77	69.08	69.30	70.21	70.54	70.46	71.10
65.69	67.80	67.78	67.88	68.17	68.37	69.28	69.59	69.51	70.15
61.02	63.08	63.06	63.13	63.39	63.56	64.45	64.76	64.66	65.30
56.20	58.23	58.21	58.26	58.51	58.68	59.54	59.86	59.75	60.39
51.48	53.48	53.45	53.48	53.72	53.85	54.70	54.99	54.88	55.53
46.92	48.90	48.81	48.83	49.02	49.13	49.95	50.22	50.09	50.74
42.39	44.33	44.21	44.19	44.35	44.44	45.23	45.48	45.34	45.97
37.87	39.76	39.62	39.56	39.71	39.78	40.53	40.77	40.62	41.24
33.39	35.23	35.08	34.98	35.10	35.15	35.89	36.11	35.94	36.55
28.96	30.76	30.60	30.47	30.57	30.60	31.32	31.54	31.34	31.94
24.65	26.44	26.24	26.11	26.16	26.18	26.89	27.09	26.88	27.45
20.52	22.31	22.06	21.91	21.93	21.94	22.61	22.80	22.57	23.13
16.59	18.38	18.10	17.91	17.90	17.90	18.54	18.69	18.45	18.99
12.93	14.71	14.37	14.19	14.10	14.09	14.70	14.83	14.59	15.11
9.65	11.48	11.05	10.85	10.69	10.67	11.26	11.35	11.10	11.61
6.90	8.93	8.28	8.10	7.77	7.76	8.33	8.42	8.11	8.62
4.39	7.05	6.07	6.03	5.46	5.54	6.04	6.10	5.76	6.25
…	6.17	4.52	4.51	3.83	4.37	4.65	4.66	4.28	4.74
…	…	…	…	…	…	…	…	…	…
…	…	…	…	…	…	…	…	…	…
…	…	…	…	…	…	…	…	…	…

（4－2）

年　齢	昭和42年	43年	44年	45年	46年	47年	48年	49年	50年
男									
0	68.91	69.05	69.18	69.33	70.17	70.50	70.70	71.16	71.76
1	69.13	69.26	69.30	69.37	70.16	70.44	70.61	71.02	71.56
2	68.26	68.40	68.43	68.50	69.28	69.56	69.73	70.13	70.67
3	67.35	67.48	67.51	67.58	68.35	68.64	68.80	69.20	69.74
4	66.42	66.55	66.58	66.64	67.41	67.70	67.87	68.25	68.79
5	65.48	65.61	65.63	65.70	66.46	66.75	66.92	67.30	67.83
10	60.68	60.80	60.84	60.88	61.64	61.93	62.09	62.45	62.98
15	55.81	55.92	55.96	56.01	56.75	57.04	57.19	57.54	58.07
20	51.06	51.17	51.24	51.29	52.05	52.33	52.46	52.79	53.31
25	46.41	46.50	46.57	46.60	47.36	47.64	47.77	48.06	48.58
30	41.75	41.83	41.90	41.92	42.66	42.95	43.05	43.32	43.82
35	37.12	37.17	37.26	37.27	37.99	38.26	38.34	38.60	39.09
40	32.56	32.61	32.71	32.71	33.42	33.67	33.74	33.99	34.45
45	28.09	28.13	28.25	28.25	28.96	29.21	29.28	29.52	29.96
50	23.77	23.80	23.91	23.91	24.60	24.86	24.92	25.15	25.60
55	19.66	19.68	19.78	19.77	20.44	20.69	20.73	20.94	21.37
60	15.89	15.90	15.96	15.93	16.57	16.79	16.80	16.99	17.41
65	12.50	12.48	12.53	12.47	13.08	13.25	13.22	13.38	13.76
70	9.56	9.50	9.56	9.52	10.07	10.16	10.09	10.21	10.55
75	7.11	7.03	7.11	7.09	7.54	7.57	7.44	7.55	7.89
80	5.18	5.07	5.16	5.15	5.51	5.50	5.35	5.43	5.75
85	3.92	3.73	3.84	3.77	4.05	4.06	3.97	4.00	4.17
90	…	…	…	…	…	…	…	…	…
95	…	…	…	…	…	…	…	…	…
100	…	…	…	…	…	…	…	…	…
女									
0	74.15	74.30	74.67	74.71	75.58	75.94	76.02	76.31	76.95
1	74.17	74.29	74.61	74.58	75.41	75.71	75.78	76.03	76.63
2	73.30	73.41	73.73	73.69	74.53	74.82	74.89	75.13	75.72
3	72.37	72.48	72.79	72.75	73.59	73.88	73.95	74.19	74.78
4	71.42	71.53	71.85	71.80	72.64	72.93	72.99	73.23	73.82
5	70.47	70.58	70.89	70.84	71.67	71.97	72.03	72.27	72.85
10	65.60	65.71	66.02	65.97	66.79	67.09	67.14	67.37	67.94
15	60.69	60.80	61.11	61.05	61.87	62.16	62.21	62.44	63.01
20	55.82	55.93	56.24	56.18	56.99	57.28	57.33	57.54	58.11
25	51.01	51.11	51.42	51.36	52.17	52.45	52.50	52.70	53.26
30	46.24	46.33	46.64	46.57	47.37	47.64	47.67	47.87	48.42
35	41.49	41.57	41.88	41.80	42.59	42.85	42.88	43.06	43.60
40	36.79	36.86	37.17	37.08	37.85	38.11	38.12	38.30	38.83
45	32.17	32.23	32.53	32.43	33.20	33.43	33.44	33.61	34.14
50	27.66	27.71	28.02	27.90	28.64	28.88	28.87	29.02	29.54
55	23.31	23.35	23.65	23.52	24.23	24.45	24.44	24.56	25.07
60	19.15	19.18	19.46	19.31	19.99	20.19	20.16	20.26	20.76
65	15.26	15.26	15.51	15.37	16.00	16.17	16.10	16.18	16.64
70	11.72	11.69	11.94	11.79	12.40	12.49	12.38	12.43	12.83
75	8.69	8.61	8.89	8.74	9.23	9.26	9.12	9.15	9.54
80	6.28	6.18	6.42	6.28	6.66	6.66	6.48	6.49	6.88
85	4.70	4.62	4.72	4.55	4.86	4.88	4.64	4.68	5.05
90	…	…	…	…	…	…	…	…	…
95	…	…	…	…	…	…	…	…	…
100	…	…	…	…	…	…	…	…	…

簡易生命表（平均余命）

（単位：年）

昭和51年	52年	53年	54年	55年	56年	57年	58年	59年	60年
72.15	72.69	72.97	73.46	73.32	73.79	74.22	74.20	74.54	74.84
71.90	72.42	72.66	73.10	72.93	73.36	73.76	73.70	74.04	74.28
71.00	71.51	71.74	72.19	72.01	72.45	72.84	72.77	73.10	73.34
70.06	70.57	70.80	71.24	71.07	71.49	71.88	71.82	72.14	72.39
69.11	69.61	69.85	70.28	70.11	70.53	70.92	70.85	71.18	71.42
68.15	68.65	68.88	69.31	69.14	69.56	69.95	69.88	70.20	70.44
63.28	63.78	64.01	64.43	64.26	64.67	65.05	64.97	65.29	65.53
58.37	58.86	59.09	59.50	59.33	59.74	60.12	60.04	60.36	60.59
53.60	54.07	54.32	54.72	54.53	54.95	55.33	55.25	55.56	55.80
48.85	49.32	49.56	49.95	49.76	50.17	50.55	50.48	50.78	51.02
44.08	44.55	44.77	45.17	44.97	45.37	45.75	45.69	45.98	46.21
39.34	39.79	40.02	40.40	40.19	40.59	40.97	40.91	41.19	41.42
34.68	35.12	35.32	35.70	35.49	35.88	36.24	36.20	36.47	36.68
30.17	30.59	30.79	31.13	30.91	31.28	31.64	31.61	31.88	32.06
25.81	26.24	26.41	26.78	26.54	26.89	27.24	27.20	27.44	27.61
21.58	22.01	22.18	22.55	22.33	22.68	23.03	23.02	23.26	23.40
17.59	17.99	18.15	18.51	18.28	18.64	18.99	19.00	19.24	19.38
13.91	14.29	14.40	14.75	14.52	14.85	15.18	15.19	15.43	15.54
10.65	10.99	11.08	11.38	11.15	11.44	11.74	11.72	11.93	12.03
7.97	8.23	8.26	8.54	8.33	8.55	8.79	8.74	8.89	8.97
5.79	6.01	6.01	6.28	6.11	6.24	6.45	6.36	6.47	6.54
4.14	4.46	4.47	4.75	4.46	4.53	4.64	4.55	4.63	4.69
…	…	…	…	3.23	3.28	3.28	3.21	3.27	3.30
…	…	…	…	…	…	…	…	…	…
…	…	…	…	…	…	…	…	…	…
77.35	77.95	78.33	78.89	78.72	79.13	79.66	79.78	80.18	80.46
76.98	77.56	77.91	78.44	78.24	78.63	79.13	79.21	79.60	79.87
76.07	76.65	76.99	77.52	77.32	77.71	78.20	78.27	78.66	78.93
75.12	75.70	76.04	76.56	76.35	76.75	77.24	77.31	77.70	77.96
74.16	74.73	75.07	75.59	75.39	75.78	76.26	76.34	76.73	76.99
73.19	73.76	74.10	74.62	74.41	74.80	75.28	75.36	75.75	76.01
68.28	68.85	69.18	69.69	69.49	69.87	70.35	70.43	70.81	71.06
63.34	63.91	64.23	64.74	64.53	64.91	65.40	65.47	65.85	66.11
58.43	58.99	59.32	59.83	59.62	60.00	60.48	60.56	60.93	61.18
53.57	54.12	54.44	54.94	54.72	55.10	55.58	55.66	56.03	56.28
48.72	49.26	49.58	50.07	49.85	50.22	50.69	50.78	51.15	51.39
43.89	44.42	44.74	45.23	45.00	45.36	45.84	45.92	46.28	46.52
39.11	39.63	39.95	40.42	40.19	40.55	41.02	41.10	41.46	41.69
34.40	34.90	35.22	35.69	35.44	35.80	36.26	36.34	36.71	36.93
29.79	30.28	30.58	31.05	30.79	31.14	31.60	31.67	32.04	32.25
25.30	25.77	26.06	26.52	26.26	26.59	27.04	27.11	27.47	27.68
20.95	21.40	21.67	22.13	21.84	22.16	22.61	22.66	23.00	23.21
16.80	17.24	17.48	17.92	17.63	17.93	18.35	18.40	18.71	18.91
12.97	13.39	13.59	13.98	13.68	13.95	14.35	14.37	14.67	14.86
9.63	9.99	10.17	10.51	10.20	10.41	10.75	10.75	11.00	11.16
6.90	7.21	7.36	7.66	7.30	7.45	7.73	7.69	7.89	8.02
4.96	5.23	5.34	5.64	5.09	5.16	5.36	5.28	5.43	5.52
…	…	…	…	3.47	3.50	3.59	3.49	3.58	3.64
…	…	…	…	…	…	…	…	…	…
…	…	…	…	…	…	…	…	…	…

（4－3）

年　齢	昭和61年	62年	63年	平成元年	2年	3年	4年	5年	6年
男									
0	75.23	75.61	75.54	75.91	75.86	76.11	76.09	76.25	76.57
1	74.65	75.01	74.92	75.27	75.24	75.46	75.47	75.60	75.93
2	73.72	74.07	73.98	74.33	74.30	74.52	74.52	74.66	74.98
3	72.76	73.12	73.02	73.37	73.34	73.55	73.56	73.69	74.02
4	71.79	72.15	72.05	72.40	72.37	72.58	72.59	72.72	73.05
5	70.81	71.17	71.07	71.42	71.40	71.60	71.61	71.74	72.07
10	65.89	66.25	66.15	66.50	66.47	66.67	66.68	66.81	67.14
15	60.96	61.31	61.21	61.55	61.53	61.72	61.74	61.86	62.19
20	56.15	56.50	56.40	56.74	56.71	56.90	56.91	57.02	57.35
25	51.37	51.71	51.62	51.96	51.92	52.11	52.11	52.22	52.55
30	46.56	46.90	46.81	47.15	47.10	47.29	47.29	47.39	47.72
35	41.76	42.10	41.99	42.33	42.29	42.47	42.48	42.57	42.91
40	37.02	37.35	37.24	37.56	37.52	37.70	37.70	37.80	38.13
45	32.40	32.71	32.59	32.91	32.85	33.03	33.03	33.13	33.45
50	27.93	28.21	28.08	28.38	28.33	28.51	28.51	28.61	28.92
55	23.72	23.95	23.79	24.07	23.99	24.16	24.16	24.26	24.57
60	19.70	19.94	19.78	20.04	19.95	20.10	20.08	20.17	20.44
65	15.86	16.12	15.95	16.22	16.16	16.31	16.31	16.41	16.67
70	12.33	12.56	12.39	12.66	12.60	12.76	12.78	12.91	13.14
75	9.24	9.43	9.26	9.52	9.44	9.59	9.61	9.74	9.96
80	6.72	6.88	6.69	6.91	6.82	6.93	6.94	7.09	7.28
85	4.80	4.95	4.75	4.92	4.82	4.89	4.86	5.09	5.25
90	3.38	3.51	3.31	3.44	3.34	3.37	3.30	3.60	3.73
95	…	2.46	2.28	2.37	2.28	2.27	2.18	2.52	2.62
100	…	…	…	…	…	…	…	…	…
女									
0	80.93	81.39	81.30	81.77	81.81	82.11	82.22	82.51	82.98
1	80.32	80.76	80.66	81.12	81.15	81.45	81.55	81.83	82.29
2	79.37	79.81	79.71	80.17	80.20	80.50	80.60	80.88	81.34
3	78.41	78.85	78.75	79.20	79.23	79.54	79.63	79.92	80.37
4	77.43	77.87	77.77	78.22	78.25	78.56	78.65	78.94	79.40
5	76.45	76.89	76.79	77.24	77.27	77.57	77.67	77.96	78.41
10	71.50	71.94	71.84	72.30	72.32	72.63	72.72	73.02	73.46
15	66.54	66.98	66.89	67.34	67.36	67.66	67.77	68.06	68.50
20	61.62	62.05	61.96	62.41	62.44	62.73	62.84	63.13	63.56
25	56.72	57.15	57.06	57.51	57.53	57.82	57.93	58.21	58.65
30	51.84	52.26	52.16	52.61	52.63	52.92	53.03	53.30	53.74
35	46.96	47.38	47.28	47.72	47.75	48.03	48.14	48.41	48.85
40	42.13	42.54	42.44	42.89	42.90	43.18	43.29	43.55	44.00
45	37.37	37.77	37.67	38.11	38.12	38.39	38.50	38.77	39.20
50	32.68	33.07	32.97	33.40	33.41	33.68	33.79	34.07	34.49
55	28.10	28.49	28.37	28.80	28.80	29.08	29.18	29.44	29.87
60	23.62	24.00	23.88	24.31	24.29	24.57	24.67	24.94	25.34
65	19.29	19.67	19.54	19.95	19.92	20.20	20.31	20.57	20.97
70	15.19	15.55	15.42	15.82	15.76	16.03	16.13	16.40	16.78
75	11.45	11.77	11.62	12.00	11.95	12.18	12.28	12.55	12.89
80	8.25	8.50	8.36	8.67	8.60	8.80	8.88	9.18	9.46
85	5.70	5.89	5.77	6.02	5.90	6.05	6.11	6.50	6.72
90	3.78	3.92	3.82	4.02	3.85	3.95	3.98	4.45	4.63
95	…	2.51	2.44	2.58	2.40	2.46	2.47	2.96	3.09
100	…	…	…	…	…	…	…	…	…

簡易生命表（平均余命）

（単位：年）

平成7年	8年	9年	10年	11年	12年	13年	14年	15年	16年
76.36	77.01	77.19	77.16	77.10	77.64	78.07	78.32	78.36	78.64
75.71	76.33	76.50	76.46	76.38	76.90	77.32	77.57	77.60	77.87
74.76	75.38	75.54	75.51	75.43	75.94	76.36	76.61	76.63	76.91
73.80	74.42	74.57	74.54	74.46	74.97	75.39	75.63	75.65	75.93
72.83	73.44	73.59	73.56	73.48	73.99	74.40	74.65	74.67	74.95
71.85	72.46	72.61	72.58	72.49	73.01	73.42	73.66	73.68	73.96
66.93	67.51	67.67	67.64	67.55	68.06	68.47	68.71	68.72	69.00
61.99	62.56	62.71	62.69	62.60	63.11	63.51	63.75	63.76	64.04
57.15	57.71	57.86	57.85	57.74	58.24	58.64	58.87	58.89	59.15
52.35	52.90	53.04	53.04	52.93	53.42	53.82	54.05	54.05	54.32
47.53	48.07	48.21	48.22	48.11	48.59	48.99	49.21	49.23	49.49
42.71	43.25	43.39	43.42	43.31	43.79	44.18	44.40	44.43	44.68
37.94	38.48	38.62	38.66	38.56	39.03	39.43	39.64	39.67	39.93
33.26	33.80	33.92	33.98	33.89	34.35	34.75	34.97	35.01	35.25
28.73	29.26	29.38	29.46	29.37	29.82	30.21	30.42	30.47	30.70
24.39	24.91	25.04	25.13	25.04	25.48	25.86	26.07	26.12	26.33
20.26	20.75	20.87	20.99	20.91	21.34	21.72	21.93	21.98	22.17
16.48	16.94	17.02	17.13	17.02	17.43	17.78	17.96	18.02	18.21
12.97	13.43	13.50	13.62	13.48	13.87	14.17	14.32	14.35	14.51
9.81	10.25	10.29	10.43	10.28	10.65	10.95	11.07	11.09	11.23
7.14	7.54	7.56	7.68	7.53	7.86	8.13	8.25	8.26	8.39
5.09	5.38	5.39	5.49	5.36	5.65	5.87	5.97	5.95	6.07
3.56	3.83	3.81	3.86	3.76	4.00	4.19	4.29	4.26	4.36
2.46	2.75	2.72	2.73	2.64	2.80	3.02	3.10	3.10	3.21
…	1.99	1.96	1.94	1.84	1.95	2.20	2.26	2.28	2.41
82.84	83.59	83.82	84.01	83.99	84.62	84.93	85.23	85.33	85.59
82.16	82.88	83.11	83.30	83.25	83.87	84.17	84.47	84.57	84.81
81.21	81.92	82.15	82.34	82.30	82.90	83.21	83.50	83.60	83.84
80.24	80.95	81.18	81.37	81.32	81.93	82.23	82.53	82.62	82.86
79.27	79.97	80.20	80.39	80.34	80.95	81.25	81.54	81.64	81.87
78.28	78.98	79.22	79.41	79.35	79.96	80.26	80.55	80.65	80.88
73.34	74.03	74.26	74.45	74.39	75.00	75.30	75.60	75.69	75.92
68.39	69.06	69.30	69.49	69.43	70.03	70.33	70.63	70.73	70.94
63.46	64.13	64.36	64.56	64.50	65.09	65.39	65.69	65.79	66.01
58.55	59.21	59.44	59.65	59.59	60.17	60.47	60.77	60.87	61.09
53.64	54.30	54.53	54.75	54.69	55.27	55.56	55.86	55.97	56.18
48.76	49.41	49.65	49.86	49.80	50.38	50.68	50.97	51.08	51.29
43.91	44.55	44.79	45.01	44.94	45.53	45.82	46.12	46.22	46.44
39.12	39.76	40.00	40.22	40.15	40.74	41.01	41.31	41.41	41.63
34.42	35.05	35.29	35.51	35.43	36.02	36.29	36.58	36.68	36.90
29.82	30.44	30.67	30.90	30.82	31.40	31.67	31.95	32.04	32.27
25.30	25.91	26.14	26.37	26.29	26.86	27.13	27.40	27.49	27.74
20.94	21.53	21.75	21.96	21.89	22.44	22.68	22.96	23.04	23.28
16.75	17.32	17.53	17.75	17.67	18.20	18.43	18.69	18.75	18.98
12.88	13.40	13.58	13.79	13.71	14.21	14.42	14.67	14.72	14.93
9.47	9.94	10.08	10.27	10.18	10.63	10.80	11.02	11.04	11.23
6.74	7.06	7.18	7.35	7.26	7.65	7.76	7.94	7.95	8.10
4.64	4.95	5.03	5.15	5.05	5.36	5.41	5.56	5.57	5.69
3.10	3.49	3.60	3.66	3.57	3.80	3.77	3.88	3.93	4.02
…	2.47	2.68	2.65	2.56	2.72	2.65	2.73	2,84	2.96

（4－4）

年　齢	平成17年	18年	19年	20年	21年	22年	23年	24年	25年
男									
0	78.53	79.00	79.19	79.29	79.59	79.64	79.44	79.94	80.21
1	77.77	78.22	78.41	78.50	78.80	78.83	78.62	79.13	79.39
2	76.80	77.25	77.44	77.53	77.83	77.86	77.66	78.15	78.41
3	75.82	76.27	76.46	76.55	76.84	76.88	76.68	77.17	77.43
4	74.84	75.29	75.47	75.56	75.86	75.89	75.70	76.18	76.44
5	73.85	74.30	74.48	74.57	74.87	74.90	74.71	75.19	75.45
10	68.90	69.34	69.52	69.61	69.90	69.94	69.77	70.23	70.49
15	63.94	64.38	64.56	64.65	64.93	64.98	64.81	65.26	65.52
20	59.05	59.49	59.66	59.75	60.04	60.07	59.93	60.36	60.61
25	54.22	54.66	54.82	54.92	55.20	55.24	55.10	55.52	55.77
30	49.39	49.83	49.99	50.09	50.37	50.41	50.28	50.69	50.93
35	44.58	45.02	45.17	45.27	45.55	45.59	45.47	45.85	46.09
40	39.82	40.25	40.40	40.49	40.78	40.81	40.69	41.05	41.29
45	35.14	35.56	35.72	35.79	36.09	36.10	35.98	36.32	36.55
50	30.59	31.00	31.15	31.21	31.51	31.51	31.39	31.70	31.92
55	26.21	26.60	26.73	26.79	27.09	27.07	26.95	27.23	27.44
60	22.06	22.41	22.54	22.58	22.87	22.84	22.70	22.93	23.14
65	18.11	18.45	18.56	18.60	18.88	18.86	18.69	18.89	19.08
70	14.38	14.69	14.80	14.84	15.10	15.08	14.93	15.11	15.28
75	11.07	11.31	11.40	11.40	11.63	11.58	11.43	11.57	11.74
80	8.23	8.45	8.50	8.49	8.66	8.57	8.39	8.48	8.61
85	5.93	6.09	6.16	6.13	6.27	6.18	5.96	6.00	6.12
90	4.23	4.32	4.40	4.36	4.48	4.41	4.14	4.16	4.26
95	3.05	3.08	3.19	3.15	3.24	3.17	2.84	2.86	2.94
100	2.21	2.20	2.34	2.31	2.36	2.30	1.93	1.95	2.02
女									
0	85.49	85.81	85.99	86.05	86.44	86.39	85.90	86.41	86.61
1	84.70	85.02	85.20	85.26	85.63	85.57	85.10	85.60	85.78
2	83.73	84.05	84.23	84.29	84.65	84.60	84.13	84.63	84.81
3	82.75	83.07	83.25	83.31	83.67	83.62	83.16	83.64	83.82
4	81.77	82.09	82.26	82.32	82.68	82.63	82.18	82.66	82.83
5	80.78	81.10	81.27	81.33	81.69	81.64	81.19	81.67	81.84
10	75.81	76.13	76.30	76.36	76.73	76.67	76.24	76.70	76.87
15	70.84	71.16	71.33	71.39	71.75	71.70	71.28	71.72	71.89
20	65.90	66.22	66.39	66.45	66.81	66.75	66.35	66.78	66.94
25	60.99	61.31	61.48	61.54	61.90	61.83	61.45	61.85	62.01
30	56.09	56.41	56.57	56.64	57.00	56.92	56.56	56.94	57.09
35	51.20	51.52	51.68	51.75	52.11	52.03	51.69	52.04	52.19
40	46.35	46.66	46.82	46.89	47.25	47.17	46.84	47.17	47.32
45	41.54	41.86	42.01	42.08	42.44	42.36	42.05	42.35	42.49
50	36.81	37.12	37.27	37.34	37.70	37.61	37.32	37.59	37.74
55	32.17	32.48	32.62	32.69	33.04	32.95	32.68	32.93	33.07
60	27.62	27.92	28.06	28.12	28.46	28.37	28.12	28.33	28.47
65	23.16	23.44	23.59	23.64	23.97	23.89	23.66	23.82	23.97
70	18.85	19.12	19.25	19.29	19.61	19.53	19.31	19.45	19.59
75	14.80	15.04	15.16	15.18	15.46	15.38	15.16	15.27	15.39
80	11.11	11.32	11.42	11.43	11.68	11.59	11.36	11.43	11.52
85	7.97	8.13	8.20	8.21	8.41	8.30	8.07	8.10	8.19
90	5.56	5.66	5.72	5.71	5.86	5.76	5.46	5.47	5.53
95	3.90	3.88	3.97	3.97	4.13	4.06	3.60	3.61	3.66
100	2.80	2.63	2.75	2.77	3.01	3.00	2.33	2.34	2.36

簡易生命表（平均余命）

（単位：年）

平成26年	27年	28年	29年	30年	令和元年	2年	3年	4年
80.50	80.79	80.98	81.09	81.25	81.41	81.64	81.47	81.05
79.67	79.95	80.14	80.25	80.41	80.57	80.79	80.62	80.20
78.70	78.98	79.16	79.27	79.43	79.59	79.80	79.64	79.22
77.71	78.00	78.18	78.29	78.45	78.61	78.82	78.65	78.23
76.73	77.01	77.19	77.30	77.46	77.62	77.83	77.66	77.24
75.74	76.02	76.20	76.30	76.47	76.63	76.83	76.67	76.25
70.77	71.05	71.23	71.33	71.49	71.66	71.85	71.70	71.28
65.81	66.08	66.26	66.37	66.53	66.69	66.89	66.73	66.31
60.90	61.17	61.34	61.45	61.61	61.77	61.97	61.81	61.39
56.05	56.31	56.49	56.59	56.74	56.91	57.12	56.95	56.53
51.21	51.46	51.63	51.73	51.88	52.03	52.25	52.09	51.66
46.38	46.62	46.78	46.88	47.03	47.18	47.40	47.23	46.80
41.57	41.80	41.96	42.05	42.20	42.35	42.57	42.40	41.97
36.82	37.05	37.20	37.28	37.42	37.57	37.80	37.62	37.20
32.18	32.39	32.54	32.61	32.74	32.89	33.12	32.93	32.51
27.68	27.89	28.02	28.08	28.21	28.34	28.58	28.39	27.97
23.36	23.55	23.67	23.72	23.84	23.97	24.21	24.02	23.59
19.29	19.46	19.55	19.57	19.70	19.83	20.05	19.85	19.44
15.49	15.64	15.72	15.73	15.84	15.96	16.18	15.96	15.56
11.94	12.09	12.14	12.18	12.29	12.41	12.63	12.42	12.04
8.79	8.89	8.92	8.95	9.06	9.18	9.42	9.22	8.89
6.24	6.31	6.27	6.26	6.35	6.46	6.67	6.48	6.20
4.35	4.38	4.28	4.25	4.33	4.41	4.59	4.38	4.14
3.02	3.09	2.86	2.81	2.86	2.94	3.10	2.90	2.68
2.09	2.23	1.89	1.80	1.82	1.89	2.01	1.91	1.69
86.83	87.05	87.14	87.26	87.32	87.45	87.74	87.57	87.09
86.00	86.21	86.31	86.42	86.47	86.60	86.89	86.71	86.23
85.03	85.23	85.33	85.44	85.50	85.63	85.91	85.73	85.25
84.05	84.25	84.35	84.46	84.51	84.64	84.92	84.74	84.26
83.06	83.26	83.36	83.47	83.52	83.65	83.93	83.75	83.27
82.07	82.27	82.37	82.48	82.53	82.66	82.93	82.76	82.28
77.09	77.30	77.39	77.50	77.56	77.69	77.96	77.78	77.30
72.12	72.32	72.42	72.52	72.58	72.72	72.98	72.81	72.33
67.16	67.37	67.46	67.57	67.63	67.77	68.04	67.87	67.39
62.23	62.43	62.53	62.63	62.70	62.84	63.12	62.95	62.48
57.32	57.51	57.61	57.70	57.77	57.91	58.20	58.03	57.56
52.42	52.61	52.69	52.79	52.86	53.00	53.28	53.13	52.65
47.55	47.73	47.82	47.90	47.97	48.11	48.40	48.24	47.77
42.72	42.90	42.98	43.06	43.13	43.26	43.56	43.39	42.93
37.96	38.13	38.21	38.29	38.36	38.49	38.78	38.61	38.16
33.28	33.45	33.53	33.59	33.66	33.79	34.09	33.91	33.46
28.68	28.83	28.91	28.97	29.04	29.17	29.46	29.28	28.84
24.18	24.31	24.38	24.43	24.50	24.63	24.91	24.73	24.30
19.81	19.92	19.98	20.03	20.10	20.21	20.49	20.31	19.89
15.60	15.71	15.76	15.79	15.86	15.97	16.25	16.08	15.67
11.71	11.79	11.82	11.84	11.91	12.01	12.28	12.12	11.74
8.35	8.40	8.39	8.39	8.44	8.51	8.76	8.60	8.28
5.66	5.70	5.62	5.61	5.66	5.71	5.92	5.74	5.47
3.78	3.79	3.65	3.59	3.61	3.64	3.82	3.66	3.41
2.44	2.52	2.45	2.37	2.31	2.29	2.37	2.41	2.16

付録Ⅳ　生存数曲線の推移

男
（生存数：千人）

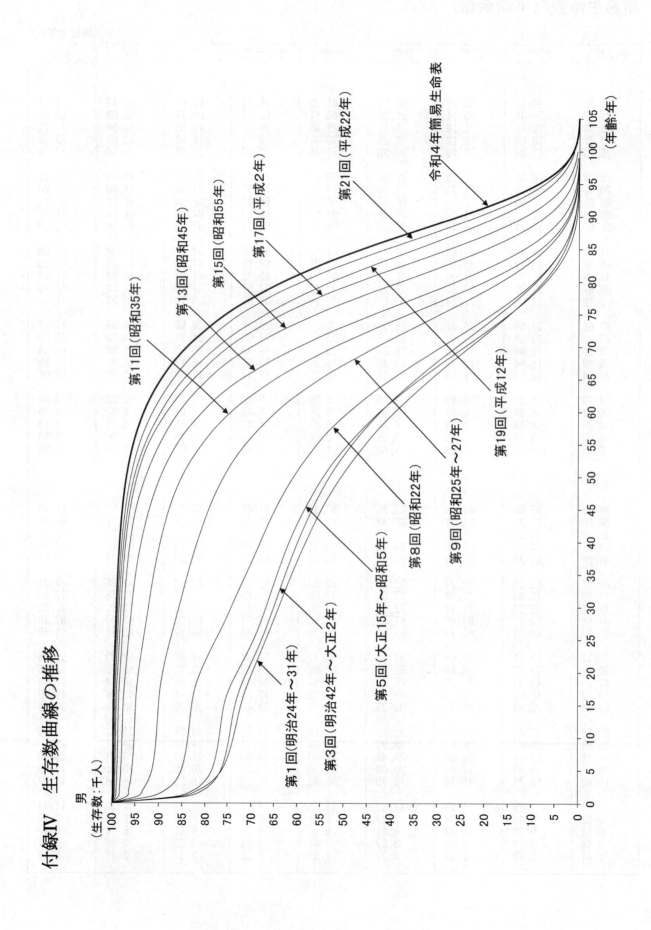

第1回（明治24年〜31年）
第3回（明治42年〜大正2年）
第5回（大正15年〜昭和5年）
第8回（昭和22年）
第9回（昭和25年〜27年）
第11回（昭和35年）
第13回（昭和45年）
第15回（昭和55年）
第17回（平成2年）
第19回（平成12年）
第21回（平成22年）
令和4年簡易生命表

（年齢：年）

女
（生存数：千人）

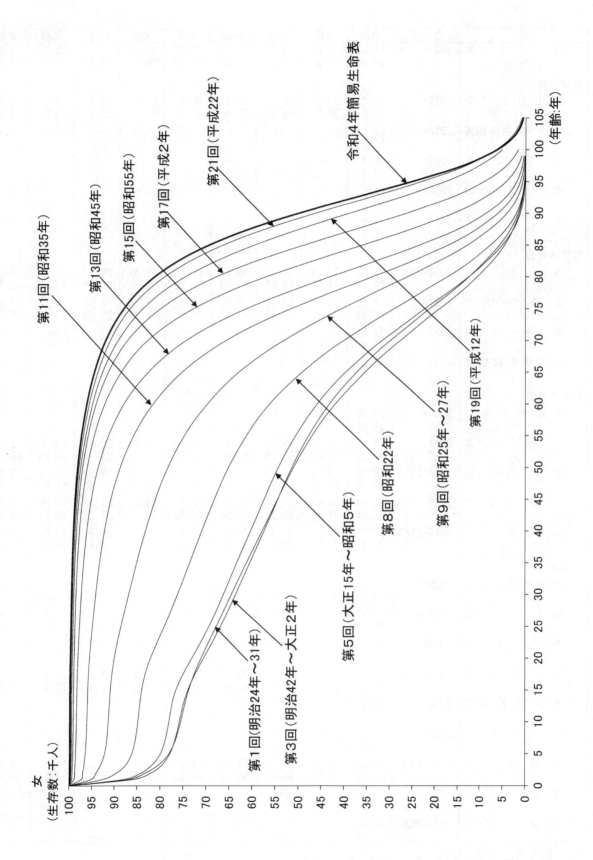

第11回（昭和35年）
第13回（昭和45年）
第15回（昭和55年）
第17回（平成2年）
第21回（平成22年）
令和4年簡易生命表

第1回（明治24年～31年）
第3回（明治42年～大正2年）
第5回（大正15年～昭和5年）
第8回（昭和22年）
第9回（昭和25年～27年）
第19回（平成12年）

（年齢：年）

0 5 10 15 20 25 30 35 40 45 50 55 60 65 70 75 80 85 90 95 100 105

0 5 10 15 20 25 30 35 40 45 50 55 60 65 70 75 80 85 90 95 100

国	年　次	0歳	10歳	20歳	30歳	40歳	50歳	60歳	70歳	80歳
日　　　　　本	2022	81.05	71.28	61.39	51.66	41.97	32.51	23.59	15.56	8.89
		87.09	77.30	67.39	57.56	47.77	38.16	28.84	19.89	11.74
アフリカ										
アルジェリア	2019*	77.2	69.3	59.7	50.2	40.6	31.4	22.7	15.0	8.7
		78.6	70.5	60.7	51.0	41.4	32.1	23.1	14.9	7.9
コンゴ民主共和国	2018*	56.5	…	…	…	…	…	…	…	…
		59.7	…	…	…	…	…	…	…	…
エ　ジ　プ　ト	2022	69.7	…	…	…	…	…	…	…	…
		74.1	…	…	…	…	…	…	…	…
南　ア　フ　リ　カ	2020*	62.5	…	…	…	…	…	…	…	…
		68.5	…	…	…	…	…	…	…	…
チ　ュ　ニ　ジ　ア	2016	74.5	…	…	…	…	…	…	…	…
		78.1	…	…	…	…	…	…	…	…
北アメリカ										
カ　ナ　ダ	2018-2020	79.82	70.29	60.46	50.97	41.56	32.32	23.57	15.68	9.14
		84.11	74.53	64.64	54.89	45.19	35.68	26.54	18.05	10.74
コ　ス　タ　リ　カ	2021*	78.18	68.79	59.06	49.72	40.42	31.36	22.82	15.25	9.18
		83.32	73.85	63.99	54.17	44.42	34.89	25.78	17.43	10.34
メ　キ　シ　コ	2022	72.6	…	…	…	…	…	…	…	…
		78.4	…	…	…	…	…	…	…	…
アメリカ合衆国	2021	73.5	…	…	…	…	…	…	…	…
		79.3	…	…	…	…	…	…	…	…
南アメリカ										
アルゼンチン	2020*	74.90	…	…	…	…	…	…	…	…
		81.44	…	…	…	…	…	…	…	…
ブ　ラ　ジ　ル	2021	73.56	64.70	55.21	46.33	37.39	28.80	20.97	14.10	8.80
		80.52	71.57	61.76	52.07	42.52	33.33	24.71	16.94	10.64
チ　　　　リ	2021-2022*	78.29	68.96	59.19	49.69	40.30	31.21	22.69	15.16	9.08
		83.78	74.38	64.51	54.69	44.96	35.48	26.40	18.07	10.96
コ　ロ　ン　ビ　ア	2020-2021*	73.69	65.44	56.05	47.4	38.5	29.54	21.18	14.08	8.81
		80.04	71.46	61.71	52.08	42.53	33.17	24.23	16.21	9.85
ペ　　ル　　ー	2015-2020*	73.7	65.2	55.7	46.7	37.7	28.9	20.7	13.4	7.7
		79.2	70.5	60.7	51.2	41.8	32.6	23.8	15.8	9.3
アジア										
バングラデシュ	2020*	71.2	…	…	…	…	…	…	…	…
		74.5	…	…	…	…	…	…	…	…
中　　　　国	2020	75.37	…	…	…	…	…	…	…	…
		80.88	…	…	…	…	…	…	…	…
キ　プ　ロ　ス	2019*	80.1	…	…	…	…	…	…	…	…
		84.2	…	…	…	…	…	…	…	…
イ　ン　ド	2016-2020	68.6	61.5	51.9	42.5	33.5	25.0	17.5	11.4	6.8
		71.4	64.7	55.0	45.6	36.2	27.2	19.2	12.4	7.2
イ　ン　ド　ネ　シ　ア	2022	69.93	…	…	…	…	…	…	…	…
		73.83	…	…	…	…	…	…	…	…
イ　ラ　ン	2016*	72.5	…	…	…	…	…	…	…	…
		75.5	…	…	…	…	…	…	…	…
イ　ス　ラ　エ　ル	2016-2020	80.80	71.14	61.27	51.56	41.87	32.44	23.59	15.62	9.14
		84.68	74.98	65.05	55.17	45.35	35.71	26.41	17.67	10.20
マ　レ　ー　シ　ア	2022	71.3	…	…	…	…	…	…	…	…
		75.8	…	…	…	…	…	…	…	…
フ　ィ　リ　ピ　ン	2015-2020*	69.93	…	…	…	…	…	…	…	…
		75.91	…	…	…	…	…	…	…	…

注　：上欄が男、下欄が女である。
参考：香港の平均寿命は2022年で、男が81.27年、女が87.16年である。
資料：当該政府の資料（2023年5月までに入手したもの）による。ただし、＊印は国連「Demographic Yearbook 2021」による。

の　国　際　比　較

国	年　次	0歳	10歳	20歳	30歳	40歳	50歳	60歳	70歳	80歳
カ タ ー ル	2020*	79.51	…	…	…	…	…	…	…	…
		83.06	…	…	…	…	…	…	…	…
韓　　　国	2021	80.6	70.9	61.0	51.3	41.7	32.3	23.5	15.4	8.5
		86.6	76.9	67.0	57.1	47.4	37.8	28.4	19.2	11.0
シ ン ガ ポ ー ル	2022	80.7	70.9	61.0	51.2	41.5	32.0	23.1	15.1	8.4
		85.2	75.4	65.5	55.6	45.8	36.1	26.8	18.0	10.3
タ　　　イ	2021	73.5	…	…	…	…	…	…	…	…
		80.5	…	…	…	…	…	…	…	…
ト ル コ	2017-2019*	75.94	66.92	57.18	47.57	37.94	28.60	20.09	12.88	7.31
		81.30	72.22	62.36	52.50	42.72	33.12	23.92	15.51	8.76
ヨーロッパ										
オ ー ス ト リ ア	2021	78.80	69.08	59.23	49.55	39.94	30.56	21.84	14.33	8.17
		83.76	74.05	64.12	54.23	44.42	34.8	25.55	17.06	9.67
ベ ル ギ ー	2021	79.24	…	…	…	…	…	…	…	…
		84.03	…	…	…	…	…	…	…	…
チ ェ コ	2022	76.15	66.38	56.53	46.91	37.41	28.21	19.80	12.72	7.16
		82.01	72.26	62.36	52.51	42.75	33.19	24.10	15.75	8.70
デ ン マ ー ク	2021-2022	79.38	69.70	59.81	50.04	40.35	30.92	22.04	14.36	7.97
		83.14	73.45	63.51	53.62	43.78	34.18	25.03	16.72	9.51
フ ィ ン ラ ン ド	2022	78.63	…	…	…	…	…	…	…	…
		83.79	…	…	…	…	…	…	…	…
フ ラ ン ス	2022	79.35	69.86	59.99	50.34	40.82	31.62	23.12	15.62	9.00
		85.23	75.67	65.75	55.90	46.13	36.59	27.48	18.92	11.08
ド イ ツ	2019-2021	78.54	68.87	58.99	49.22	39.57	30.25	21.66	14.33	8.09
		83.38	73.68	63.76	53.87	44.07	34.49	25.37	17.01	9.61
ギ リ シ ャ	2020*	78.34	68.70	58.82	49.14	39.53	30.23	21.82	14.52	8.45
		83.61	73.90	63.97	54.08	44.27	34.70	25.53	16.93	9.46
ア イ ス ラ ン ド	2022	80.9	71.2	61.3	51.6	42.1	32.7	23.7	15.5	8.7
		83.8	74.1	64.1	54.2	44.5	34.9	25.6	17.0	9.6
イ タ リ ア	2022	80.482	70.755	60.869	51.105	41.403	31.966	23.029	14.982	8.325
		84.781	75.025	65.094	55.189	45.356	35.726	26.413	17.658	9.953
オ ラ ン ダ	2021	79.68	70.52	60.62	50.86	41.15	31.67	22.74	14.71	8.10
		82.99	73.81	63.87	53.99	44.20	34.61	25.45	17.10	9.74
ノ ル ウ ェ ー	2022	80.92	71.17	61.30	51.61	41.93	32.43	23.42	15.21	8.33
		84.35	74.54	64.61	54.76	44.92	35.31	25.99	17.31	9.86
ポ ー ラ ン ド	2021	71.75	62.14	52.30	42.78	33.55	24.87	17.28	11.26	6.62
		79.68	70.04	60.14	50.31	40.60	31.19	22.38	14.67	8.33
ロ シ ア	2020	66.49	56.96	47.22	37.95	29.52	21.97	15.2	10.06	6.22
		76.43	66.85	57.02	47.34	38.05	29.25	20.9	13.46	7.44
ス ペ イ ン	2021	80.27	…	…	…	…	…	…	…	…
		85.83	…	…	…	…	…	…	…	…
ス ウ ェ ー デ ン	2022	81.34	71.60	61.73	52.07	42.41	32.87	23.73	15.52	8.59
		84.73	74.97	65.05	55.18	45.36	35.65	26.33	17.65	10.12
ス イ ス	2022	81.6	…	…	…	…	…	…	…	…
		85.4	…	…	…	…	…	…	…	…
ウ ク ラ イ ナ	2018*	66.69	57.35	47.60	38.29	29.79	22.15	15.44	10.14	6.17
		76.72	67.36	57.50	47.76	38.38	29.41	20.84	13.17	7.09
イ ギ リ ス	2018-2020	79.04	69.44	59.57	49.89	40.37	31.20	22.55	14.78	8.31
		82.86	73.21	63.29	53.44	43.73	34.28	25.24	16.88	9.66
オセアニア										
オ ー ス ト ラ リ ア	2019-2021	81.30	71.67	61.84	52.21	42.65	33.34	24.51	16.38	9.35
		85.41	75.72	65.82	55.98	46.21	36.65	27.42	18.67	10.87
ニ ュ ー ジ ー ラ ン ド	2020-2022	80.50	70.95	61.15	51.54	41.97	32.65	23.88	15.82	8.98
		84.01	74.36	64.49	54.72	44.97	35.44	26.35	17.81	10.26

男

西暦	日本	カナダ	アメリカ合衆国	デンマーク	フランス	ドイツ	アイスランド	イタリア	オランダ	ノルウェー	スペイン	スウェーデン	スイス	イギリス
1960	65.32		66.6		*67.2							71.24	*69.50	
1961	66.03	*68.35	67.1	70.4	*67.6	*66.86		*67.24				71.56	*68.72	
1962	66.23		66.9		*67.29	*67.05						71.32		
1963	67.21		66.6	70.3	*67.2	*67.21	*70.8		*71.1	*71.03		71.56		*67.90
1964	67.67		66.8		*68.0	*67.41						71.66		
1965	67.74		66.8	70.1	*67.8	*67.58						71.73	*69.21	
1966	68.35	*68.75	66.7	70.3	*68.2	*67.62		*67.87	*71.1	71.37		71.87		
1967	68.91		67.0	70.6		*67.55			*71.0	71.33		71.85		
1968	69.05		66.6	70.7	*68.0	*67.39	*70.7		*71.0	71.19		71.69		*68.30
1969	69.18		66.8	70.8	*67.6	*67.24				70.8		71.69		
1970	69.31		67.1	70.7	*68.6	*67.25			*70.7	71.0		72.2	*70.29	
1971	70.17	*69.34	67.4	70.7	*68.54	*67.41		*68.97	*71.0	71.17		71.97		
1972	70.50		67.4	70.7	*68.68	*67.61			*70.8	71.33		71.97		
1973	70.70		67.6	70.8	*68.88	*67.87	*71.6		*71.2	71.34		72.12		*69.00
1974	71.16		68.2	70.8	*69.10	*68.04		69.628		71.71		72.19		
1975	71.73		68.8	71.1	*69.00	*68.30		69.398		71.72	70.56	72.12		
1976	72.15	*70.19	69.1	71.1	*69.18	*68.61	*73.0	69.599	*71.5	72.02	70.83	72.12		
1977	72.69		69.5	71.2	*69.73	*68.99	*73.4	69.930	*72.0	72.27	71.3	72.37		
1978	72.97		69.6	71.5		*69.36	*73.5	70.279	*71.9	72.38	71.44	72.41	*72.00	*69.70
1979	73.46		70.0	71.3	*70.05	*69.60		70.478	*72.4	72.18	71.84	72.48		
1980	73.35		70.0	71.2		*69.93	*73.7	70.492	*72.4	72.35	72.39	72.76		
1981	73.79	72.0	70.4	71.38	*70.41	*70.18		71.090	*72.7	72.65	72.54	73.05	72.4	70.81
1982	74.22	72.3	70.8	71.50	*70.73	*70.46	*73.91	71.380	*72.7	72.66	73.19	73.43	72.8	71.06
1983	74.20	72.7	71.0	71.52	*70.86		*74.1	71.317	*72.75	72.75	72.97	73.62	72.7	71.34
1984	74.54	72.9	71.1	71.58	*71.04	*71.18	*74.74	71.983	*72.96	73.01	73.21	73.84	73.4	71.54
1985	74.78	73.1	71.1	71.63	*71.31	*71.54	*75.04	72.092	*73.07	72.6	73.12	73.79	73.5	71.73
1986	75.23	73.3	71.2	71.77	*71.52	*71.81	*75.11	72.431	*73.09	72.9	73.44	73.97	73.7	71.91
1987	75.61	73.5	71.4	71.84	*72.03	*72.21	*74.58	72.843	*73.51	72.76	73.59	74.16	73.9	72.15
1988	75.54	73.7	71.4	71.98	*72.33	*72.39	*75.23	73.169	*73.69	73.06	73.56	74.15	73.9	72.41
1989	75.91	73.9	71.7	72.02	*72.46	*72.55	*75.71	73.513	*73.67	73.33	73.33	74.79	74.1	72.61
1990	75.92	74.3	71.8	72.18	*72.75			73.613	*73.95	73.45	73.45	74.81	74.0	72.86
1991	76.11	74.5	72.0	72.45	*72.91		*75.74	73.761	*74.05	74.03	73.49	74.94	74.1	73.16
1992	76.09	74.7	72.3	72.50	*72.94	*72.47	*76.85	73.989	*74.21	74.17	73.89	75.35	74.5	73.36
1993	76.25	74.8	72.2	72.63	*73.29	*72.77		74.177	*74.19	74.24	74.09	75.49	74.9	73.67
1994	76.57	74.9	72.4	72.72	73.6	*72.99	*76.49	74.419	*74.63	74.9	74.47	76.08	75.2	73.83
1995	76.38	75.1	72.5	72.87	73.8	*73.29	*76.20	74.773	*74.52	74.8	74.53	76.17	75.3	74.08
1996	77.01	75.4	73.1	73.28	74.1	73.62	*76.4	75.052		75.37	74.66	76.51	76.0	74.24
1997	77.19	75.7	73.6	73.68	74.5	74.04	*77.0	75.322	*75.4	75.46	75.29	76.7	76.3	74.49
1998	77.16	76.0	73.8	74.03	74.7	74.44	77.5	75.499		75.51	75.42	76.87	76.3	74.73
1999	77.10	76.3	73.9	74.34	74.9	74.78	77.6	75.917		75.62	75.43	77.06	76.8	75.01
2000	77.72	76.6	74.1	74.52	75.2		78.1	76.488	75.5	75.96	75.93	77.38	76.9	75.32
2001	78.07	76.9	74.3	74.65	75.4	75.38		76.981	75.8	76.21	76.27	77.55	*77.4	75.61
2002	78.32	77.1	74.4	74.89	75.7	75.59	78.7	77.200	76.0	76.41	76.38	77.73	77.8	75.85
2003	78.36	77.4	74.5	75.19	75.8	75.89	78.8	77.210	76.2	77.05	76.41	77.91	78.0	76.15
2004	78.64	77.6	75.0	75.64	76.7	76.21	78.9	77.922	76.9	77.51	76.98	78.35	78.6	76.5
2005	78.56	77.9	75.0	75.88	76.7	76.64		78.058	77.2	77.73	77.02	78.43	78.7	76.87
2006	79.00	78.1	75.2	75.95	77.1	76.89	79.4	78.408	77.6	78.13	77.71	78.7	79.1	*77.14
2007	79.19	78.3	75.5	76.26	77.4	77.17	79.4	78.611	78.0	78.24	77.78	78.92	79.4	77.38
2008	79.29	78.5	75.6	76.52	77.6	77.33	79.6	78.732	78.3	78.32	78.22	79.09	79.7	77.68
2009	79.59	78.8	76.0	77.05	77.7	77.51	79.7	78.903	78.5	78.6	78.62	79.33	79.8	78.01
2010	79.55	79.1	76.2	77.31	78.0	77.72	79.7	79.253	78.8	78.85	79.05	79.52	80.2	78.41
2011	79.44	79.4	76.3	77.90	78.4	77.72	80.1	79.468	79.2	79.0	79.3	79.79	80.3	78.71
2012	79.94	79.6	76.4	78.02	78.5	77.9	80.8	79.565	79.1	79.42	79.37	79.87	80.5	78.91
2013	80.21	79.7	76.4	78.51	78.7	78.13	80.8	79.814	79.4	79.65	79.94	80.09	80.5	79.07
2014	80.50	79.8	76.5	78.61	79.2	78.18	80.6	80.281	79.9	80.03	80.12	80.35	81.0	79.09
2015	80.75	79.9	76.3	78.82	79.0	78.31	80.7		79.7	80.36	79.92	80.31	80.7	79.17
2016	80.98	79.9	76.2	78.96	79.3	78.36	80.7	80.562	79.9	80.61	80.31	80.56	81.0	79.18
2017	81.09	79.9	76.1	79.01	79.4	78.48	80.6	80.584	80.1	80.91	80.37	80.72	81.4	79.25
2018	81.25	80.0	76.2	79.32	79.5	78.63	81.0	80.880	80.2	81.0	80.46	80.78	81.7	79.37
2019	81.41	79.82	76.3	79.51	79.7	78.64	81.0	81.065	80.5	81.19	80.87	81.34	81.9	79.04
2020	81.64		74.2	79.62	79.1	78.54	81.2	79.672	79.67	81.48	79.6	80.6	81.0	
2021	81.47		73.5	79.38	79.26		80.9	80.135	79.68	81.59	80.27	81.21	81.6	
2022	81.05				79.35		80.9	80.482		80.92		81.34	81.6	

注：1）生命表の作成基礎期間が複数年にまたがっている場合はその中央年に計上している。
　　2）1990年以前のドイツは、旧西ドイツの数値である。
　　3）平均寿命は、当該政府の資料（2023年5月までに入手したもの）による。
　　　　ただし、＊印は国連「Demographic Yearbook」、Council of Europe「Recent demographic developments in Europe」等による。

平 均 寿 命 の 年 次 推 移

女　　　　　　　　　　　　　　　　（単位：年）

西暦	日本	カナダ	アメリカ合衆国	デンマーク	フランス	ドイツ	アイスランド	イタリア	オランダ	ノルウェー	スペイン	スウェーデン	スイス	イギリス
1960	70.19		73.1		*73.8							74.92	*74.80	
1961	70.79	*74.17	73.6		*74.5	*72.39		*72.27				75.35	*74.13	
1962	71.16		73.5	74.4	*74.14	*72.70						75.39		
1963	72.34		73.4		*74.1	*73.00	*76.2		*75.9	*75.97		75.63		*73.80
1964	72.87		73.7	74.6	*75.1	*73.22						75.91		
1965	72.92		73.8	74.7	*75.0	*73.48		*73.36				76.09	*75.03	
1966	73.61	*75.18	73.9	74.9	*75.4	*73.57			*76.1	76.64		76.49		
1967	74.15		74.3	75.4		*73.58			*76.5	76.93		76.54		
1968	74.30		74.1	75.6	*75.5	*73.51	*76.3		*76.4	76.78		76.28		*74.60
1969	74.67		74.4	75.7	*75.3	*73.44				76.67		76.50		
1970	74.66		74.7	75.9	*76.1	*73.56			*76.5	77.32		77.06		*76.22
1971	75.58	*76.36	75.0	76.1	*76.10	*73.83		*74.88	*76.7	77.37		77.26		
1972	75.94		75.1	76.3	*76.39	*74.09			*76.8	77.53		77.41		
1973	76.02		75.3	76.6	*76.50	*74.36	*77.5		*77.2	77.72		77.66		*75.20
1974	76.31		75.9	76.8	*76.89	*74.54		75.864		77.98		77.84		
1975	76.89		76.6	76.8	*76.86	*74.81		75.750		78.08	76.30	77.87		
1976	77.35	*77.48	76.8	77.1	*77.22	*75.21	*79.2	76.057	*78.0	78.21	76.66	77.90		
1977	77.95		77.2	77.5	*77.85	*75.64	*79.3	76.562	*78.4	78.68	77.17	78.50		
1978	78.33		77.3	77.4		*76.07	*79.2	77.051	*78.5	78.64	77.43	78.60	*78.70	*76.00
1979	78.89		77.8	77.3	*78.20	*76.36		77.333	*78.9	78.82	77.97	78.67		
1980	78.76		77.4	77.2		*76.65	*79.7	77.236	*79.2	79.19	78.49	78.81		
1981	79.13	79.1	77.8	77.44	*78.47	*76.85	*79.45	77.853	*79.3	79.28	78.69	79.08	79.2	76.81
1982	79.66	79.4	78.1	77.54	*78.85	*77.09		77.993	*79.4	79.56	79.27	79.38	79.5	77.02
1983	79.78	79.6	78.1	77.54	*78.99		*79.9	77.885	*79.48	79.58	79.07	79.61	79.6	77.25
1984	80.18	79.7	78.2	77.54	*79.19	*77.79	*80.20	78.565	*79.67	79.63	79.59	79.89	80.1	77.39
1985	80.48	79.8	78.2	77.52	*79.49	*78.10	*80.22	78.589	*79.66	79.42	79.62	79.68	80.2	77.55
1986	80.93	80.0	78.2	77.62	*79.70	*78.37	*80.38	78.872	*79.61	79.78	79.83	79.99	80.3	77.68
1987	81.39	80.1	78.3	77.70	*80.27	*78.68	*80.04	79.291	*80.06	79.60	80.16	80.15	80.7	77.92
1988	81.30	80.3	78.3	77.69	*80.46	*78.88	*79.74	79.544	*80.24 / *80.23	79.57	80.24	79.96	80.8	78.05
1989	81.77	80.5	78.5	77.68	*80.63	*78.98	*79.93	79.919	*79.91 / *79.88	79.86	80.45	80.57	81.0	78.23
1990	81.90	80.7	78.8	77.81	*80.94		*80.29	80.059	*80.18 / *80.15	79.81	80.49	80.41	80.8	78.41
1991	82.11	80.9	78.9	77.93	*81.13		*80.89	80.324	*80.18	80.11	80.65	80.54	81.2	78.70
1992	82.22	80.9	79.1	77.81	*81.15	*79.01	*80.75	80.580	*80.20	80.36	81.14	80.79	81.4	78.78
1993	82.51	81.0	78.8	77.88	*81.42	*79.30		80.621	*80.04	80.26	81.23	80.79	81.5	79.02
1994	82.98	80.9	79.0	77.92	81.8	*79.49	*80.63	80.839	*80.41	80.66	81.60	81.38	81.8	79.11
1995	82.85	81.0	78.9	78.02	81.9	*79.72		81.136	*80.20	80.83	81.72	81.45	81.8	79.31
1996	83.59	81.1	79.1	78.36	82.0	79.98	*80.59	81.338		81.07	81.88	81.53	82.0	79.38
1997	83.82	81.3	79.4	78.65	82.3	80.27	*81.3	81.499		80.98	82.23	81.82	82.1	79.55
1998	84.01	81.4	79.5	78.80	82.4	80.57	*81.5	81.546	*80.7	81.26	82.31	81.94	82.5	79.70
1999	83.99	81.6	79.4	78.98	82.5	80.82	81.4	81.934		81.12	82.32	81.91	82.5	79.91
2000	84.60	81.8	79.3	79.19	82.8		81.4	82.323		81.38	82.73	82.03	82.6	80.12
2001	84.93	81.9	79.5	79.23	82.9	81.22	82.2	82.787	80.7	81.53	83.05	82.07	83.1	80.36
2002	85.23	82.0	79.6	79.48	*83.0	81.34	82.5 / 82.6	82.979	80.7	81.47	83.14	82.11	83.1	80.47
2003	85.33	82.2	79.7	79.89	82.9	81.55	82.8	82.809	80.9	81.94	82.99	82.43	83.2	80.68
2004	85.59	82.3	80.1	80.24	83.8	81.78		83.594	81.4	82.34	83.57	82.68	83.7	80.91
2005	85.52	82.6	80.1	80.43	83.8	82.08		83.540	81.6	82.52	83.54	82.77	83.9	81.24
2006	85.81	82.7	80.3	80.48	84.2	82.25	83.0	83.870	81.9	82.67	84.15	82.91	84.0	81.44
2007	85.99	82.9	80.6	80.70	84.4	82.40	82.9	83.908	82.3	82.67	84.14	82.95	84.2	81.61
2008	86.05	83.0	80.6	80.75	84.3	82.53	83.0	83.934	82.3	82.96	84.33	83.13	84.4	81.84
2009	86.44	83.3	80.9	81.22	84.4	82.59	83.3	83.983	82.6	83.06	84.65	83.33	84.4	82.08
2010	86.30	83.5	81.0	81.65*	84.6	82.73	83.7	84.303	82.7	83.15	85.03	83.49	84.6	82.42
2011	85.90	83.7	81.1	81.87	85.0	82.80	83.8	84.378	82.8	83.45	85.13	83.67	84.7	82.57
2012	86.41	83.8	81.2	81.96	84.8	82.88	83.9	84.409	82.8	83.41	85.10	83.54	84.7	82.71
2013	86.61	83.9	81.2	82.72	85.0	83.05	83.7	84.621	83.0	83.61	85.54	83.71	84.8	82.80
2014	86.83	83.9	81.3	82.53	85.4	83.06	83.6	84.985	83.3	84.10	85.64	84.05	85.2	82.82
2015	86.99	84.0	81.1	82.83	85.1	83.20	83.7	84.606	83.1	84.15	85.41	84.01	84.9	82.85
2016	87.14	84.0	81.1	82.86	85.3	83.18	83.7	85.044	83.1	84.17	85.84	84.09	85.3	82.93
2017	87.26	84.1	81.1	82.93	85.3	83.27	83.9	84.923	83.3	84.28	85.73	84.10	85.4	82.93
2018	87.32	84.2	81.2	83.20	85.5	83.36	84.1	85.182	83.3	84.49	85.85	84.25	85.4	83.06
2019	87.45	84.11	81.4	83.59	85.6	83.40	84.2	85.362	83.6	84.68	86.22	84.73	85.6	82.86
2020	87.74		79.9	83.42	85.12	83.38	84.3	84.395	83.08	84.89	85.07	84.29	85.1	
2021	87.57		79.3	83.14	85.37		84.1	84.691	82.99	84.73	85.83	84.82	85.6	
2022	87.09				85.23		83.8	84.781		84.35		84.73	85.4	

付録Ⅶ　死因別死亡確率の推移、特定死因を除去した場合の平均余命の延びの推移

(1)　死因別死亡確率の推移

（単位：%）

死因	年齢	男 平成30年	男 令和元年	男 2年	男 3年	男 4年	女 平成30年	女 令和元年	女 2年	女 3年	女 4年
悪性新生物<腫瘍>	0歳	28.23	28.20	28.33	27.66	26.30	20.01	19.95	20.18	19.86	19.34
	65	27.93	27.97	28.22	27.55	26.16	18.31	18.26	18.58	18.28	17.72
	75	24.90	25.04	25.39	24.76	23.49	16.13	16.10	16.40	16.12	15.50
	90	15.30	15.58	16.02	15.43	14.43	9.67	9.69	9.87	9.68	9.02
心疾患（高血圧性を除く）	0歳	14.42	14.22	14.41	14.38	14.28	17.15	16.71	16.45	16.20	15.79
	65	14.55	14.29	14.47	14.43	14.31	17.75	17.27	17.02	16.75	16.32
	75	14.86	14.54	14.75	14.71	14.50	18.24	17.74	17.48	17.22	16.76
	90	16.67	16.19	16.45	16.63	15.94	19.24	18.60	18.41	18.19	17.61
脳血管疾患	0歳	7.41	7.20	7.00	6.86	6.55	8.36	8.06	7.79	7.46	6.97
	65	7.44	7.19	6.99	6.84	6.48	8.48	8.17	7.87	7.55	7.05
	75	7.54	7.27	7.03	6.87	6.46	8.59	8.29	7.97	7.64	7.11
	90	6.91	6.63	6.36	6.12	5.67	8.29	7.95	7.64	7.31	6.70
肺炎	0歳	8.44	8.43	7.07	6.25	5.64	6.88	6.68	5.33	4.56	4.14
	65	9.22	9.18	7.68	6.81	6.13	7.21	7.00	5.58	4.78	4.34
	75	10.19	10.14	8.44	7.48	6.73	7.56	7.31	5.82	4.98	4.52
	90	12.83	12.64	10.31	9.12	8.09	8.51	8.10	6.33	5.32	4.86
不慮の事故	0歳	3.31	3.12	3.08	2.98	3.08	2.50	2.38	2.32	2.24	2.38
	65	3.01	2.85	2.84	2.79	2.88	2.43	2.31	2.27	2.20	2.33
	75	2.99	2.83	2.84	2.81	2.89	2.38	2.28	2.24	2.18	2.30
	90	2.70	2.59	2.76	2.71	2.75	1.96	1.89	1.91	1.89	1.92
交通事故（再掲）	0歳	0.40	0.38	0.33	0.31	0.29	0.18	0.17	0.14	0.13	0.14
	65	0.22	0.21	0.18	0.17	0.16	0.14	0.12	0.11	0.11	0.10
	75	0.18	0.17	0.15	0.14	0.13	0.11	0.10	0.09	0.09	0.09
	90	0.07	0.07	0.07	0.06	0.05	0.03	0.03	0.03	0.02	0.03
自殺	0歳	1.73	1.71	1.73	1.71	1.80	0.78	0.73	0.86	0.88	0.89
	65	0.56	0.53	0.54	0.51	0.53	0.30	0.27	0.29	0.28	0.28
	75	0.39	0.37	0.38	0.36	0.38	0.20	0.18	0.19	0.18	0.18
	90	0.15	0.16	0.18	0.16	0.17	0.07	0.04	0.06	0.06	0.05
慢性閉塞性肺疾患（COPD）	0歳	2.30	2.16	1.96	1.89	1.76	0.47	0.43	0.38	0.37	0.33
	65	2.53	2.37	2.15	2.07	1.93	0.49	0.44	0.40	0.38	0.35
	75	2.72	2.53	2.28	2.21	2.06	0.49	0.44	0.40	0.38	0.34
	90	2.63	2.40	2.15	2.08	1.83	0.43	0.36	0.34	0.31	0.27
腎不全	0歳	2.04	2.05	2.10	2.16	2.09	1.94	1.94	1.94	1.93	1.88
	65	2.19	2.20	2.25	2.31	2.24	2.02	2.03	2.02	2.01	1.96
	75	2.35	2.35	2.40	2.46	2.38	2.08	2.08	2.07	2.05	2.00
	90	2.65	2.63	2.67	2.82	2.67	2.00	2.03	2.01	1.99	1.93
大動脈瘤及び解離	0歳	1.31	1.25	1.26	1.24	1.21	1.27	1.28	1.27	1.27	1.21
	65	1.26	1.20	1.21	1.20	1.14	1.29	1.30	1.29	1.29	1.23
	75	1.22	1.15	1.16	1.13	1.08	1.24	1.26	1.25	1.24	1.17
	90	1.01	0.95	0.93	0.91	0.85	0.90	0.88	0.92	0.91	0.83
肝疾患	0歳	1.35	1.35	1.40	1.39	1.43	0.78	0.76	0.76	0.77	0.77
	65	0.98	0.97	0.98	0.97	1.00	0.68	0.67	0.66	0.67	0.65
	75	0.74	0.74	0.74	0.71	0.72	0.62	0.59	0.58	0.58	0.57
	90	0.36	0.37	0.37	0.32	0.35	0.32	0.30	0.29	0.30	0.28
糖尿病	0歳	1.02	0.98	1.01	1.01	1.07	0.89	0.86	0.86	0.86	0.86
	65	0.98	0.94	0.96	0.96	1.02	0.90	0.87	0.87	0.87	0.87
	75	0.90	0.86	0.89	0.89	0.94	0.89	0.85	0.85	0.85	0.86
	90	0.59	0.53	0.60	0.64	0.66	0.70	0.68	0.69	0.67	0.66
高血圧性疾患	0歳	0.60	0.59	0.63	0.60	0.64	0.93	0.90	0.96	0.91	0.90
	65	0.61	0.59	0.62	0.60	0.64	0.97	0.94	1.00	0.95	0.94
	75	0.62	0.60	0.63	0.60	0.63	1.02	0.98	1.04	0.99	0.97
	90	0.80	0.76	0.81	0.72	0.76	1.18	1.15	1.23	1.13	1.12
結核	0歳	0.21	0.19	0.17	0.16	0.13	0.13	0.14	0.12	0.11	0.09
	65	0.22	0.20	0.19	0.17	0.14	0.14	0.14	0.13	0.12	0.09
	75	0.25	0.22	0.20	0.19	0.16	0.15	0.15	0.14	0.12	0.10
	90	0.29	0.28	0.27	0.25	0.20	0.14	0.14	0.13	0.12	0.09
新型コロナウイルス感染症（COVID-19）	0歳	…	…	0.29	1.27	3.28	…	…	0.20	0.95	3.03
	65	…	…	0.29	1.21	3.50	…	…	0.20	0.96	3.14
	75	…	…	0.29	1.18	3.76	…	…	0.21	0.95	3.26
	90	…	…	0.22	1.01	4.45	…	…	0.18	0.77	3.67
老衰	0歳	5.78	6.35	7.15	7.41	7.45	15.29	16.44	18.05	18.80	18.68
	65	6.46	7.08	7.97	8.25	8.31	16.18	17.40	19.08	19.88	19.79
	75	7.57	8.28	9.31	9.63	9.73	17.31	18.59	20.37	21.23	21.18
	90	14.56	15.61	17.09	17.61	17.91	24.60	26.11	28.23	29.34	29.51
悪性新生物<腫瘍>、心疾患（高血圧性を除く）及び脳血管疾患（再掲）	0歳	50.06	49.62	49.75	48.90	47.12	45.52	44.72	44.42	43.52	42.10
	65	49.92	49.45	49.68	48.82	46.95	44.54	43.70	43.48	42.59	41.08
	75	47.29	46.86	47.16	46.34	44.45	42.96	42.12	41.85	40.98	39.37
	90	38.88	38.41	38.83	38.19	36.04	37.21	36.24	35.92	35.18	33.33

注：1）令和2年は完全生命表による。
　　2）新型コロナウイルス感染症には、新型コロナワクチンの副反応を原死因としたものを含まない。ただし、令和3年は含んでいる。

(2) 特定死因を除去した場合の平均余命の延びの推移

（単位：年）

死因	年齢	男					女				
		平成30年	令和元年	2年	3年	4年	平成30年	令和元年	2年	3年	4年
悪性新生物＜腫瘍＞	0歳	3.54	3.54	3.55	3.43	3.19	2.84	2.84	2.87	2.81	2.74
	65	2.87	2.89	2.93	2.83	2.62	1.96	1.96	2.02	1.97	1.89
	75	1.95	1.98	2.03	1.95	1.80	1.35	1.36	1.41	1.37	1.29
	90	0.56	0.59	0.62	0.57	0.50	0.41	0.41	0.44	0.42	0.37
心疾患（高血圧性を除く）	0歳	1.41	1.41	1.44	1.42	1.41	1.31	1.28	1.26	1.23	1.19
	65	1.11	1.10	1.12	1.10	1.09	1.24	1.20	1.20	1.16	1.11
	75	0.92	0.91	0.93	0.92	0.89	1.17	1.13	1.13	1.09	1.04
	90	0.59	0.59	0.61	0.60	0.54	0.81	0.78	0.80	0.77	0.71
脳血管疾患	0歳	0.73	0.72	0.71	0.69	0.66	0.69	0.67	0.66	0.62	0.58
	65	0.57	0.55	0.55	0.53	0.50	0.60	0.58	0.57	0.54	0.50
	75	0.47	0.46	0.45	0.44	0.40	0.54	0.52	0.51	0.48	0.45
	90	0.23	0.23	0.22	0.21	0.18	0.33	0.31	0.31	0.29	0.25
肺炎	0歳	0.57	0.58	0.49	0.43	0.38	0.43	0.42	0.34	0.29	0.26
	65	0.58	0.58	0.49	0.43	0.38	0.43	0.42	0.34	0.29	0.26
	75	0.57	0.58	0.48	0.42	0.37	0.43	0.41	0.33	0.29	0.25
	90	0.44	0.44	0.36	0.31	0.26	0.33	0.31	0.25	0.20	0.18
不慮の事故	0歳	0.44	0.41	0.40	0.37	0.38	0.28	0.26	0.24	0.23	0.25
	65	0.23	0.22	0.22	0.21	0.21	0.19	0.18	0.18	0.17	0.18
	75	0.18	0.17	0.17	0.17	0.17	0.16	0.15	0.15	0.14	0.15
	90	0.09	0.09	0.09	0.09	0.09	0.07	0.07	0.07	0.07	0.07
交通事故（再掲）	0歳	0.11	0.10	0.09	0.08	0.08	0.04	0.04	0.03	0.03	0.03
	65	0.02	0.02	0.02	0.02	0.02	0.02	0.01	0.01	0.01	0.01
	75	0.01	0.01	0.01	0.01	0.01	0.01	0.01	0.01	0.01	0.01
	90	0.00	0.00	0.00	0.00	0.00	0.00	0.00	0.00	0.00	0.00
自殺	0歳	0.56	0.56	0.58	0.58	0.60	0.28	0.27	0.33	0.34	0.34
	65	0.06	0.06	0.06	0.06	0.06	0.04	0.04	0.04	0.04	0.04
	75	0.03	0.03	0.03	0.03	0.03	0.02	0.02	0.02	0.02	0.02
	90	0.00	0.01	0.01	0.01	0.01	0.00	0.00	0.00	0.00	0.00
慢性閉塞性肺疾患（COPD）	0歳	0.16	0.16	0.14	0.14	0.13	0.04	0.03	0.03	0.03	0.03
	65	0.17	0.16	0.15	0.14	0.13	0.03	0.03	0.03	0.03	0.03
	75	0.16	0.15	0.14	0.13	0.12	0.03	0.03	0.03	0.03	0.02
	90	0.09	0.08	0.07	0.07	0.06	0.02	0.01	0.01	0.01	0.01
腎不全	0歳	0.15	0.15	0.16	0.16	0.15	0.14	0.14	0.14	0.14	0.13
	65	0.14	0.14	0.15	0.15	0.15	0.13	0.13	0.14	0.13	0.13
	75	0.13	0.13	0.14	0.14	0.13	0.13	0.12	0.13	0.12	0.12
	90	0.09	0.09	0.09	0.09	0.08	0.08	0.08	0.08	0.08	0.07
大動脈瘤及び解離	0歳	0.14	0.14	0.14	0.14	0.13	0.12	0.12	0.12	0.12	0.11
	65	0.10	0.10	0.10	0.10	0.09	0.11	0.11	0.11	0.11	0.10
	75	0.08	0.07	0.07	0.07	0.07	0.09	0.09	0.09	0.09	0.08
	90	0.03	0.03	0.03	0.03	0.03	0.04	0.04	0.04	0.04	0.03
肝疾患	0歳	0.23	0.23	0.24	0.24	0.25	0.11	0.11	0.11	0.12	0.12
	65	0.10	0.10	0.10	0.10	0.10	0.07	0.07	0.07	0.07	0.07
	75	0.05	0.05	0.05	0.05	0.05	0.05	0.05	0.05	0.05	0.05
	90	0.01	0.01	0.01	0.01	0.01	0.01	0.01	0.01	0.01	0.01
糖尿病	0歳	0.12	0.11	0.12	0.11	0.12	0.08	0.08	0.08	0.08	0.08
	65	0.08	0.08	0.08	0.08	0.09	0.07	0.07	0.07	0.07	0.07
	75	0.06	0.06	0.06	0.06	0.06	0.06	0.06	0.06	0.06	0.06
	90	0.02	0.02	0.02	0.02	0.02	0.03	0.03	0.03	0.03	0.02
高血圧性疾患	0歳	0.05	0.05	0.05	0.05	0.06	0.05	0.05	0.06	0.05	0.05
	65	0.04	0.04	0.04	0.04	0.05	0.05	0.05	0.06	0.05	0.05
	75	0.03	0.03	0.03	0.03	0.03	0.05	0.05	0.05	0.05	0.05
	90	0.02	0.02	0.03	0.02	0.02	0.04	0.04	0.04	0.04	0.04
結核	0歳	0.01	0.01	0.01	0.01	0.01	0.01	0.01	0.01	0.01	0.01
	65	0.01	0.01	0.01	0.01	0.01	0.01	0.01	0.01	0.01	0.01
	75	0.01	0.01	0.01	0.01	0.01	0.01	0.01	0.01	0.01	0.01
	90	0.01	0.01	0.01	0.01	0.01	0.01	0.01	0.01	0.00	0.00
新型コロナウイルス感染症（COVID-19）	0歳	…	…	0.03	0.14	0.24	…	…	0.02	0.09	0.20
	65	…	…	0.02	0.10	0.22	…	…	0.01	0.07	0.18
	75	…	…	0.02	0.07	0.21	…	…	0.01	0.06	0.17
	90	…	…	0.01	0.03	0.14	…	…	0.01	0.03	0.13
悪性新生物＜腫瘍＞、心疾患（高血圧性を除く）及び脳血管疾患	0歳	6.70	6.65	6.69	6.49	6.11	5.55	5.45	5.46	5.28	5.07
	65	5.46	5.43	5.50	5.32	4.97	4.45	4.34	4.39	4.24	4.01
	75	4.08	4.07	4.15	4.01	3.70	3.63	3.55	3.58	3.44	3.22
	90	1.72	1.72	1.79	1.70	1.48	1.85	1.79	1.84	1.75	1.55

注：1）令和2年は完全生命表による。
　　2）「悪性新生物＜腫瘍＞、心疾患（高血圧性を除く。以下同じ）及び脳血管疾患」の数値は、以下の理由により「悪性新生物＜腫瘍＞」、「心疾患」及び「脳血管疾患」のそれぞれを合計した数値にはならない。
　　　○「悪性新生物＜腫瘍＞、心疾患及び脳血管疾患」の数値：3つの死因を同時に除去していることから、3つのどの死因による死亡も発生しないものとして延びが計算される。
　　　○「悪性新生物＜腫瘍＞」「心疾患」「脳血管疾患」それぞれの数値：単独に死因を除去し、他の2つの死因を除去していないことから、当該2つの死因による死亡が発生するものとして延びが計算される。

死因	左記特定死因を除去した場合におけるその死因で死亡していた者の死亡状況
悪性新生物＜腫瘍＞	悪性新生物＜腫瘍＞以外で亡くなる（心疾患・脳血管疾患でも亡くなる）
心疾患	心疾患以外で亡くなる（悪性新生物＜腫瘍＞・脳血管疾患でも亡くなる）
脳血管疾患	脳血管疾患以外で亡くなる（悪性新生物＜腫瘍＞・心疾患でも亡くなる）
悪性新生物＜腫瘍＞、心疾患及び脳血管疾患	悪性新生物＜腫瘍＞、心疾患及び脳血管疾患以外で亡くなる

　　3）新型コロナウイルス感染症には、新型コロナワクチンの副反応を原死因としたものを含まない。ただし、令和3年は含んでいる。

付録Ⅷ 作成に用いた統計資料

(1) 令和4年10月1日現在 男女別・年齢別人口 　　　　　　　　　　　　　　　（単位：人）

年齢	男女計	男	女	年齢	男女計	男	女
合計	122 030 523	59 313 678	62 716 845				
0	781 473	401 014	380 459	45	1 694 608	861 744	832 864
1	810 961	414 839	396 122	46	1 777 055	903 943	873 112
2	819 130	418 721	400 409	47	1 852 157	940 831	911 326
3	853 785	436 855	416 930	48	1 959 045	995 691	963 354
4	897 913	459 458	438 455	49	1 993 052	1 009 897	983 155
5	921 728	471 341	450 387	50	1 955 233	992 400	962 833
6	961 333	493 057	468 276	51	1 896 343	960 877	935 466
7	987 142	505 603	481 539	52	1 836 346	929 666	906 680
8	985 006	505 370	479 636	53	1 806 810	912 692	894 118
9	1 010 202	516 689	493 513	54	1 762 286	889 446	872 840
10	1 014 137	518 744	495 393	55	1 759 950	886 335	873 615
11	1 040 786	533 648	507 138	56	1 367 549	685 972	681 577
12	1 051 129	538 824	512 305	57	1 689 278	847 211	842 067
13	1 056 440	541 592	514 848	58	1 580 168	791 429	788 739
14	1 076 413	551 478	524 935	59	1 538 143	769 304	768 839
15	1 071 060	549 296	521 764	60	1 489 252	743 207	746 045
16	1 062 269	544 261	518 008	61	1 458 355	725 958	732 397
17	1 063 325	545 899	517 426	62	1 465 127	726 058	739 069
18	1 107 149	568 278	538 871	63	1 490 195	737 193	753 002
19	1 114 685	573 687	540 998	64	1 444 504	711 146	733 358
20	1 148 714	590 648	558 066	65	1 400 501	687 763	712 738
21	1 161 695	596 033	565 662	66	1 466 829	717 663	749 166
22	1 168 607	598 984	569 623	67	1 507 415	735 678	771 737
23	1 170 710	596 742	573 968	68	1 501 722	728 640	773 082
24	1 187 507	604 802	582 705	69	1 586 730	764 064	822 666
25	1 184 299	602 404	581 895	70	1 665 561	797 628	867 933
26	1 184 569	603 734	580 835	71	1 751 055	834 040	917 015
27	1 200 146	611 797	588 349	72	1 863 621	878 980	984 641
28	1 198 891	612 181	586 710	73	2 023 560	949 343	1 074 217
29	1 169 666	597 682	571 984	74	1 980 156	920 775	1 059 381
30	1 186 262	606 008	580 254	75	1 855 302	857 559	997 743
31	1 180 747	602 359	578 388	76	1 135 737	515 611	620 126
32	1 202 128	612 495	589 633	77	1 198 474	534 158	664 316
33	1 229 933	626 686	603 247	78	1 440 208	633 746	806 462
34	1 274 494	650 374	624 120	79	1 364 177	594 494	769 683
35	1 312 205	668 707	643 498	80	1 369 558	589 064	780 494
36	1 336 357	681 421	654 936	81	1 293 664	549 028	744 636
37	1 389 805	706 915	682 890	82	1 136 863	473 168	663 695
38	1 438 737	731 460	707 277	83	949 761	387 443	562 318
39	1 457 845	740 968	716 877	84	969 044	384 528	584 516
40	1 457 742	740 915	716 827	85	945 026	365 362	579 664
41	1 476 383	751 146	725 237	86	890 774	334 103	556 671
42	1 544 878	785 768	759 110	87	789 852	283 661	506 191
43	1 584 497	806 831	777 666	88	688 479	236 748	451 731
44	1 648 846	838 120	810 726	89	628 020	205 213	422 807
				90～	2 631 249	680 384	1 950 865

資料：総務省統計局「人口推計（令和4年10月1日現在（日本人人口））」

(2) 令和4年　男女別・年齢別年間死亡数　　　　　　　　　　　　　　　　　　　　（単位：人）

年齢	男女計	男	女	年齢	男女計	男	女
0 (週)	466	255	211	55	4 978	3 273	1 705
1	58	29	29	56	4 986	3 322	1 664
2	37	21	16	57	6 076	4 034	2 042
3	48	22	26	58	6 102	4 121	1 981
4	151	89	62	59	6 476	4 382	2 094
2 (月)	114	63	51				
3	230	121	109	60	7 051	4 833	2 218
6	252	135	117	61	7 513	5 210	2 303
				62	8 421	5 827	2 594
1 (年)	210	107	103	63	9 235	6 310	2 925
2	123	70	53	64	9 726	6 665	3 061
3	86	44	42				
4	77	39	38	65	10 573	7 315	3 258
				66	12 006	8 421	3 585
5	70	41	29	67	13 378	9 362	4 016
6	64	35	29	68	14 914	10 328	4 586
7	66	37	29	69	17 803	12 382	5 421
8	56	30	26				
9	55	24	31	70	20 294	14 124	6 170
				71	23 896	16 662	7 234
10	62	34	28	72	28 387	19 590	8 797
11	70	44	26	73	32 787	22 293	10 494
12	72	36	36	74	35 915	24 289	11 626
13	98	60	38				
14	120	59	61	75	33 661	22 459	11 202
				76	24 991	16 419	8 572
15	176	104	72	77	31 037	20 132	10 905
16	213	124	89	78	39 338	25 015	14 323
17	237	148	89	79	41 133	25 899	15 234
18	296	179	117				
19	343	222	121	80	47 203	28 878	18 325
				81	49 051	29 606	19 445
20	367	240	127	82	48 045	28 102	19 943
21	451	287	164	83	46 868	26 750	20 118
22	485	322	163	84	56 301	31 376	24 925
23	437	298	139				
24	405	253	152	85	60 046	32 415	27 631
				86	64 087	33 397	30 690
25	442	278	164	87	64 517	32 424	32 093
26	449	296	153	88	64 888	31 106	33 782
27	435	278	157	89	67 094	30 252	36 842
28	444	284	160				
29	486	314	172	90	66 070	28 084	37 986
				91	63 864	25 436	38 428
30	500	309	191	92	59 300	21 954	37 346
31	518	323	195	93	56 283	19 342	36 941
32	559	358	201	94	50 362	15 927	34 435
33	562	366	196				
34	680	441	239	95	44 690	13 126	31 564
				96	38 062	10 011	28 051
35	721	447	274	97	30 794	7 366	23 428
36	774	483	291	98	23 827	5 051	18 776
37	899	552	347	99	17 790	3 137	14 653
38	975	628	347				
39	1 044	643	401	100	13 676	2 221	11 455
				101	9 774	1 370	8 404
40	1 169	741	428	102	6 598	873	5 725
41	1 252	775	477	103	3 849	486	3 363
42	1 462	918	544	104	2 598	303	2 295
43	1 612	1 021	591				
44	1 773	1 092	681	105	1 612	162	1 450
				106	995	98	897
45	1 982	1 221	761	107	507	54	453
46	2 259	1 398	861	108	302	22	280
47	2 752	1 776	976	109～	271	19	252
48	3 249	2 040	1 209				
49	3 593	2 230	1 363	不詳	590	480	110
50	3 732	2 333	1 399				
51	4 006	2 570	1 436	総数	1 568 961	799 333	769 628
52	4 299	2 792	1 507				
53	4 660	3 049	1 611				
54	5 087	3 310	1 777				

資料：厚生労働省政策統括官（統計・情報政策、労使関係担当）「令和4年人口動態統計（概数）」

年齢	男女計	男	女	年齢	男女計	男	女
0（週）	39	24	15	55	399	263	136
1	4	2	2	56	394	258	136
2	1	1	－	57	486	328	158
3	7	5	2	58	504	333	171
4	10	7	3	59	513	355	158
2（月）	7	5	2	60	548	374	174
3	18	11	7	61	600	412	188
6	25	11	14	62	651	434	217
1（年）	14	7	7	63	764	514	250
2	11	6	5	64	781	534	247
3	6	1	5	65	813	551	262
4	5	4	1	66	983	676	307
5	10	5	5	67	1 031	713	318
6	6	1	5	68	1 169	784	385
7	4	1	3	69	1 359	957	402
8	8	5	3	70	1 551	1 112	439
9	3	1	2	71	1 924	1 310	614
10	7	2	5	72	2 198	1 506	692
11	11	7	4	73	2 521	1 720	801
12	6	2	4	74	2 759	1 879	880
13	9	7	2	75	2 693	1 797	896
14	9	6	3	76	1 829	1 210	619
15	16	11	5	77	2 337	1 529	808
16	21	11	10	78	2 989	1 924	1 065
17	18	12	6	79	3 012	1 856	1 156
18	31	21	10	80	3 584	2 192	1 392
19	34	17	17	81	3 720	2 285	1 435
20	36	23	13	82	3 693	2 121	1 572
21	39	23	16	83	3 323	1 919	1 404
22	49	33	16	84	4 178	2 321	1 857
23	48	30	18	85	4 397	2 368	2 029
24	41	26	15	86	4 760	2 445	2 315
25	41	28	13	87	4 781	2 406	2 375
26	35	22	13	88	4 650	2 200	2 450
27	45	26	19	89	4 870	2 180	2 690
28	26	19	7	90	4 808	2 022	2 786
29	33	25	8	91	4 665	1 817	2 848
30	47	33	14	92	4 194	1 549	2 645
31	38	22	16	93	4 194	1 430	2 764
32	46	27	19	94	3 703	1 138	2 565
33	38	24	14	95	3 115	898	2 217
34	57	39	18	96	2 712	684	2 028
35	64	40	24	97	2 208	503	1 705
36	61	34	27	98	1 625	349	1 276
37	74	47	27	99	1 260	229	1 031
38	86	53	33	100	963	142	821
39	78	49	29	101	693	98	595
40	104	63	41	102	448	57	391
41	106	66	40	103	295	39	256
42	114	71	43	104	174	26	148
43	128	77	51	105	133	22	111
44	137	79	58	106	79	7	72
45	162	90	72	107	34	3	31
46	195	100	95	108	23	2	21
47	213	136	77	109	7	－	7
48	251	167	84	110〜	9	1	8
49	276	168	108				
50	301	191	110	不詳	74	58	16
51	310	200	110				
52	328	221	107	総数	116 956	59 820	57 136
53	405	270	135				
54	424	265	159				

資料：厚生労働省政策統括官（統計・情報政策、労使関係担当）「令和4年人口動態統計（概数）」

(4) 令和4年8月　男女別・年齢別死亡数　　　　　　　　　　　　　　　　　　　　　　（単位：人）

年齢	男女計	男	女	年齢	男女計	男	女
0 （週）	42	28	14	55	457	311	146
1	2	1	1	56	408	278	130
2	3	3	－	57	509	350	159
3	2	1	1	58	507	353	154
4	10	6	4	59	571	388	183
2 （月）	8	4	4				
3	21	11	10	60	642	448	194
6	21	11	10	61	709	483	226
				62	699	483	216
1 （年）	23	11	12	63	771	520	251
2	15	7	8	64	894	601	293
3	9	5	4				
4	5	3	2	65	922	656	266
				66	1 026	724	302
5	6	2	4	67	1 129	812	317
6	10	7	3	68	1 292	863	429
7	3	1	2	69	1 533	1 087	446
8	7	3	4				
9	6	2	4	70	1 704	1 186	518
				71	2 019	1 416	603
10	7	6	1	72	2 388	1 672	716
11	10	6	4	73	2 833	1 930	903
12	9	4	5	74	3 191	2 130	1 061
13	6	5	1				
14	9	3	6	75	3 045	2 070	975
				76	2 031	1 331	700
15	11	5	6	77	2 605	1 722	883
16	21	11	10	78	3 379	2 163	1 216
17	25	21	4	79	3 497	2 196	1 301
18	21	12	9				
19	29	20	9	80	3 981	2 399	1 582
				81	4 203	2 516	1 687
20	28	18	10	82	4 145	2 391	1 754
21	29	18	11	83	3 885	2 224	1 661
22	45	27	18	84	4 786	2 697	2 089
23	33	26	7				
24	31	21	10	85	5 089	2 759	2 330
				86	5 477	2 893	2 584
25	41	29	12	87	5 436	2 795	2 641
26	33	18	15	88	5 479	2 591	2 888
27	39	25	14	89	5 723	2 531	3 192
28	32	18	14				
29	48	29	19	90	5 715	2 435	3 280
				91	5 604	2 272	3 332
30	39	27	12	92	5 045	1 953	3 092
31	44	32	12	93	4 918	1 660	3 258
32	56	32	24	94	4 233	1 368	2 865
33	64	37	27				
34	56	28	28	95	3 811	1 111	2 700
				96	3 300	895	2 405
35	57	34	23	97	2 519	614	1 905
36	55	32	23	98	2 134	501	1 633
37	66	39	27	99	1 585	272	1 313
38	84	42	42				
39	79	51	28	100	1 204	216	988
				101	888	109	779
40	101	69	32	102	591	75	516
41	111	67	44	103	349	47	302
42	130	81	49	104	214	27	187
43	120	72	48				
44	150	83	67	105	125	7	118
				106	84	8	76
45	155	96	59	107	51	6	45
46	204	124	80	108	26	2	24
47	241	148	93	109	9	－	9
48	301	197	104				
49	325	192	133	110～	11	－	11
50	323	201	122	不詳	66	55	11
51	367	259	108				
52	392	252	140	総数	134 527	68 779	65 748
53	418	265	153				
54	442	289	153				

資料：厚生労働省政策統括官（統計・情報政策、労使関係担当）「令和4年人口動態統計（概数）」

(5) 令和4年9月　男女別・年齢別死亡数　　　　　　　　　　　　　　　　　　　　（単位：人）

年齢	男女計	男	女	年齢	男女計	男	女
0 （週）	40	23	17	55	418	268	150
1	5	3	2	56	366	246	120
2	2	1	1	57	482	310	172
3	7	2	5	58	497	330	167
4	12	9	3	59	524	349	175
2 （月）	15	5	10	60	528	356	172
3	20	9	11	61	598	425	173
6	22	10	12	62	688	483	205
1 （年）	12	8	4	63	721	469	252
2	11	7	4	64	795	529	266
3	9	4	5	65	841	571	270
4	7	3	4	66	925	651	274
5	5	3	2	67	1 034	715	319
6	4	2	2	68	1 216	824	392
7	6	5	1	69	1 425	978	447
8	2	-	2	70	1 566	1 084	482
9	7	6	1	71	1 830	1 280	550
10	8	4	4	72	2 159	1 519	640
11	3	3	-	73	2 521	1 693	828
12	6	5	1	74	2 818	1 895	923
13	14	7	7	75	2 892	1 953	939
14	12	5	7	76	1 971	1 291	680
15	17	6	11	77	2 349	1 534	815
16	14	8	6	78	3 055	1 947	1 108
17	16	10	6	79	3 189	2 022	1 167
18	29	20	9	80	3 651	2 277	1 374
19	28	17	11	81	4 010	2 404	1 606
20	25	20	5	82	3 834	2 218	1 616
21	40	29	11	83	3 703	2 120	1 583
22	51	28	23	84	4 278	2 387	1 891
23	45	32	13	85	4 741	2 591	2 150
24	33	23	10	86	5 092	2 656	2 436
25	29	17	12	87	5 370	2 697	2 673
26	39	25	14	88	5 205	2 459	2 746
27	24	12	12	89	5 295	2 372	2 923
28	35	23	12	90	5 357	2 339	3 018
29	40	24	16	91	5 219	2 049	3 170
30	34	21	13	92	4 827	1 747	3 080
31	39	20	19	93	4 542	1 524	3 018
32	54	36	18	94	4 060	1 284	2 776
33	37	20	17	95	3 622	1 036	2 586
34	63	39	24	96	3 180	834	2 346
35	63	40	23	97	2 584	637	1 947
36	67	38	29	98	1 982	382	1 600
37	77	49	28	99	1 417	268	1 149
38	74	45	29	100	1 142	192	950
39	88	50	38	101	789	115	674
40	90	52	38	102	589	69	520
41	102	73	29	103	291	45	246
42	114	71	43	104	219	28	191
43	142	76	66	105	133	12	121
44	144	83	61	106	76	7	69
45	166	101	65	107	33	4	29
46	191	123	68	108	17	2	15
47	224	141	83	109	4	-	4
48	258	171	87	110〜	5	1	4
49	288	171	117				
50	310	200	110	不詳	38	25	13
51	319	202	117				
52	357	224	133	総数	125 457	63 447	62 010
53	362	233	129				
54	387	247	140				

資料：厚生労働省政策統括官（統計・情報政策、労使関係担当）「令和4年人口動態統計（概数）」

(6) 令和3年　男女別・月別出生数（確定数）　　　　　　　　　　　　　　（単位：人）

月	男女計	男	女
1	61 040	31 138	29 902
2	57 533	29 540	27 993
3	66 086	33 890	32 196
4	68 663	35 360	33 303
5	67 893	34 876	33 017
6	68 694	35 225	33 469
7	72 301	37 118	35 183
8	72 615	37 199	35 416
9	72 844	37 060	35 784
10	70 616	36 229	34 387
11	66 780	34 371	32 409
12	66 557	33 897	32 660
計	811 622	415 903	395 719

資料：厚生労働省政策統括官（統計・情報政策、労使関係担当）「令和3年人口動態統計（確定数）」

(7) 令和4年　男女別・月別出生数　　　　　　　　　　　　　　　　　　　（単位：人）

月	男女計	男	女
1	64 721	33 244	31 477
2	56 868	29 221	27 647
3	62 352	31 743	30 609
4	62 210	32 041	30 169
5	61 938	31 764	30 174
6	62 432	32 273	30 159
7	66 757	34 275	32 482
8	70 950	36 428	34 522
9	69 950	35 940	34 010
10	67 444	34 327	33 117
11	62 967	32 207	30 760
12	62 158	31 792	30 366
計	770 747	395 255	375 492

資料：厚生労働省政策統括官（統計・情報政策、労使関係担当）「令和4年人口動態統計（概数）」

(8) 令和4年10月1日現在　男女別・年齢別　90歳以上人口

年齢	男女計	男	女
90	548 616	170 955	377 661
91	467 778	136 834	330 944
92	385 495	106 144	279 351
93	321 088	82 702	238 386
94	261 365	62 390	198 975
95	189 489	42 443	147 046
96	145 773	30 194	115 579
97	104 069	19 360	84 709
98	71 198	11 884	59 314
99	49 078	7 038	42 040
100	33 347	4 351	28 996
101	21 069	2 447	18 622
102	14 165	1 546	12 619
103	7 017	774	6 243
104	4 531	461	4 070
105	2 691	301	2 390
106	1 742	193	1 549
107	1 098	109	989
108	717	115	602
109	535	88	447
110〜	388	55	333
90歳以上	2 631 249	680 384	1 950 865

注：作成方法は、「Ⅱ　令和4年簡易生命表の作成方法」参照

令和3年簡易生命表報告書　正誤情報

P32 ［参考］令和3年　簡易生命表の概況

1 主な年齢の平均余命　説明文　第2段落

正

　平均寿命の前年との差を死因別に分解すると、男女とも悪性新生物＜腫瘍＞、肺炎などの
死亡率の変化が平均寿命を延ばす方向に働いているが、老衰、新型コロナウイルス感染症
（COVID-19）等などの死亡率の変化が平均寿命を縮める方向に働いている（図1）。

誤

　平均寿命の前年との差を死因別に分解すると、男女とも悪性新生物＜腫瘍＞、肺炎、~~交通
事故~~などの死亡率の変化が平均寿命を延ばす方向に働いているが、老衰、新型コロナウイルス
感染症（COVID-19）等などの死亡率の変化が平均寿命を縮める方向に働いている（図1）。

図1　平均寿命の前年との差に対する死因別寄与年数（令和3年）

正

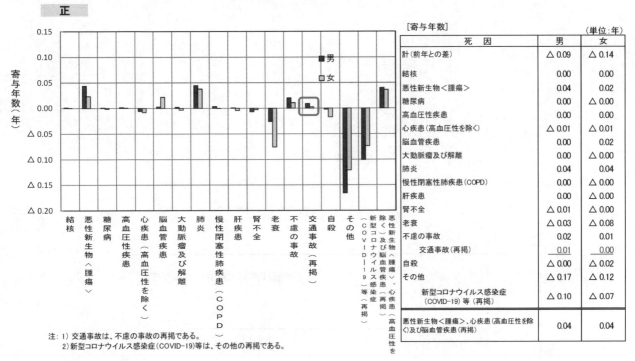

注：1）交通事故は、不慮の事故の再掲である。
　　2）新型コロナウイルス感染症（COVID-19）等は、その他の再掲である。

誤

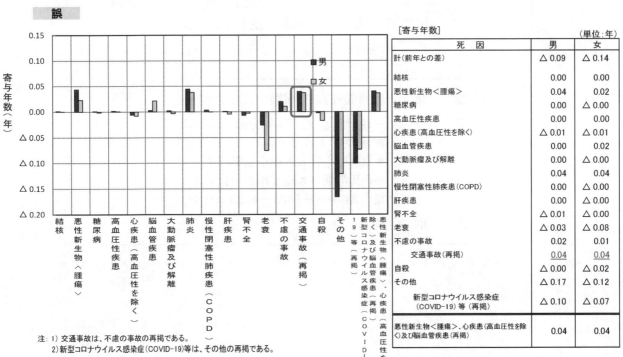

注：1）交通事故は、不慮の事故の再掲である。
　　2）新型コロナウイルス感染症（COVID-19）等は、その他の再掲である。

定価は表紙に表示してあります。

令和 5 年12月18日　発 行

令 和 4 年 簡 易 生 命 表

編　　集　　厚生労働省政策統括官(統計・情報システム管理、労使関係担当)

発　　行　　一般財団法人　厚生労働統計協会
　　　　　　郵便番号　103-0001
　　　　　　東京都中央区日本橋小伝馬町４－９
　　　　　　小伝馬町新日本橋ビルディング３Ｆ
　　　　　　電　話　03－5623－4123（代表）

印　　刷　　統 計 プ リ ン ト 株 式 会 社